河出文庫

日本書紀が抹殺した古代史謎の真相

関裕二

河出書房新社

はじめに

令和二年（二〇二〇）、『日本書紀《にほんしょき》』編纂《へんさん》千三百年の節目に、新型コロナウイルスが猛威を振るった。藤原不比等《ふじわらのふひと》没後千三百年でもあり、荒井正吾《あらいしょうご》奈良県知事（藤原不比等推しらしい）も張り切っていたようだが、それどころではなくなってきた。もったいないことだ。一般には『古事記《こじき》』の人気が高く、ほとんどの方が「『日本書紀』は読まない」とおっしゃる。だからこの機会に、ぜひとも『日本書紀』の世界に足を踏み入れてほしかった。

『日本書紀』は現存最古の正史（正確な歴史書の意味ではなく、朝廷が編纂した公式文書）で、古代史解明のためにはなくてはならぬ歴史書だ。ところが、『日本書紀』が歴史解明の足かせにもなっている。神話から六世紀に至るまで、記述があいまいで、矛盾だらけで、信憑性が欠如し、「八世紀の段階で、すでに正確な歴史は失われていた」と、信じられるようになってしまったからだ。

しかし、これは、大きな誤解だ。『日本書紀』は、ヤマト建国の真相を熟知していたから歴史を書き替え、お伽話にすり替えてしまっただけなのだ。この事実が見逃されているから、日本人がもっとも知りたい「ヤマト建国と発展の歴史」が、いまだに明確にならないのだ。

ならば、どうやって、『日本書紀』によって消し去られてしまった歴史を再現することができるのだろう。簡単なことだと思う。「ここが変だよ『日本書紀』」の、一つひとつを積み上げて、それぞれの謎解きを進めていけば、「なぜ『日本書紀』は歴史を改竄《かいざん》してしまったのか」が分かってくる。そして、ヤマト建国の歴史と天皇の正体が、はっきりしてくるはずだ。

そこで、『日本書紀』の不可解なポイントを30掲げて、謎解きをしてみたいのだ。『日本書紀』を読めば、古代の謎は必ず解けてくる。嘘だらけの歴史書の中から、お宝（真実）を探り当てる作業の、何と面白いことか。これが、歴史を学ぶ醍醐味であり、誰でも参加できるアドベンチャーだと思う。ぜひごいっしょに。

日本書紀が抹殺した　古代史謎の真相

目次

はじめに　3

第一章　『日本書紀』神話をひもとく　17

1　『日本書紀』『古事記』『先代旧事本紀』の原初の神が異なる謎　17
『日本書紀』の成り立ち
古い古い詐欺？

2　アマテラス（天照大神）は男神？　24
伊勢神宮の数々の謎
アマテラスをめぐるもうひとつの謎

3　出雲は謎だらけ？　28
なぜ歴史時代に至っても出雲神は大切にされたのか
出雲神話は絵空事？

4　日本を作ったのはスサノヲ？　34
強い王の発生を嫌った銅鐸文化圏
スサノヲはアメノヒボコ？

5　なぜ南部九州に皇祖神は舞い下りたのか　41
神功皇后の九州征伐はヤマト建国の考古学と重なってくる

なぜ天皇家の祖は南部九州に舞い下りたのか

第二章 見えてきたヤマト建国の真相 48

6 神武天皇の母と祖母が海神の娘という謎 48
なぜ『日本書紀』は天皇家と阿曇《あずみ》氏の関係を抹殺したのか
奴国と伊都国の暗闘
7 なぜニギハヤヒは身内を殺して神武を招き入れた？ 53
三つに分解されたヤマト建国説話
考古学的に証明できない神武東征は嘘なのか
8 崇神天皇と欠史八代の謎 58
崇る出雲神・大物主神
欠史八代の天皇の存在意義
9 前方後円墳を喜んで造っていたのは本当か 64
巨大な前方後円墳は天皇権力の象徴なのか
『日本書紀』の役割
10 天皇と伊勢神宮のカラクリ 68
ヤマトのマツリゴトの構図

第三章　日本海と瀬戸内海の主導権争いを『日本書紀』は隠した？　72

11　タニハの女人が後宮を席巻していた時代がある？　72
狭穂彦王《さほひこおう》と狭穂姫《さほひめ》の反乱
ヤマト黎明期のタニハと出雲
12　なぜ南山城で反乱が続いたのか　77
なぜ古代政権は山背（京都）に都を造らなかったのか
カモ氏と山背のつながり
13　雄略天皇が大伴氏を頼ったわけ　84
次第に力をつけたヤマトの王
なぜ雄略天皇は大伴氏を起用したのか
14　継体天皇はなぜ淀川に固執したのか　88
継体天皇は淀川水系に都を置きたかった？
山背は日本海の土地？
15　磐井の乱の真相は？　95
なぜ磐井は反乱を起こしたのか
新羅をとるか百済をとるか

第四章　誰が改革を手がけたのか　101

16　継体天皇の二人の子は殺された？　101
越と蘇我氏の強いつながり
二朝並立はあったのか
17　仏教公伝と前方後円墳体制の終焉がほぼ同時だったのはなぜか　107
『日本書紀』を読んでも分からない物部氏の底力
仏教をめぐる争いの意味
18　物部氏と蘇我氏の本当の仲　112
数々の蘇我氏の専横
物部氏を説得した女傑・大々王《おおおおきみ》
19　聖徳太子というカラクリ　118
いかにすれば改革者を大悪人にすり替えられるのか
聖徳太子を異常なほど礼讃する『日本書紀』
20　大化改新は謎だらけ　123
改新政府は親蘇我政権
中大兄皇子と中臣鎌足は本当に英雄だったのか

第五章　改革と動乱の時代　129

21　白村江の戦いと中臣鎌足の失踪　129
中臣鎌足の謎
中臣鎌足は豊璋？
22　民衆に罵倒されていた中大兄皇子　135
『日本書紀』は誰のために書かれたのか
聖徳太子を鬼あつかいした『日本書紀』
23　蘇我系重臣に囲まれていた近江朝　140
額田王《ぬかたのおおきみ》と大海人皇子の歴史的大事件
なぜ弟・大海人皇子に多くの娘を差し出したのだろう
24　壬申の乱でなぜ大海人皇子は勝利できたのか　146
なぜ蘇我氏は大海人皇子に荷担したのか
尾張氏と大海人皇子の関係
25　律令整備と皇親政治の謎　152
天武天皇の治政
罪なくして殺された大津皇子

第六章　王朝交替は起きていた？　158

26　草壁皇子が即位できなかった理由　158
大津皇子は皇太子だった？
草壁皇子が岡宮で暮らしていた意味

27　『日本書紀』は何を隠してしまったのか　164
『日本書紀』と藤原不比等
伊勢神宮のカラクリ

28　持統天皇と藤原不比等の目論見　169
天武と持統の本当の仲
天香具山の歌に隠された秘密

29　なぜ持統天皇は即位できたのか　174
持統と高市皇子《たけちのみこ》の密約
高市皇子の死とともに始まった皇位継承問題

30　藤原不比等が日本を壊したのか　179
ゼロからスタートした藤原不比等がどうやってのし上がったのか
『日本書紀』の呪縛から解放される日

おわりに　185
参考文献　188

日本書紀が抹殺した　古代史謎の真相

第一章　『日本書紀』神話をひもとく

1　『日本書紀』『古事記』『先代旧事本紀』の原初の神が異なる謎

『日本書紀』の成り立ち

平気で嘘をつく人がいる。たとえば、政治家だ。権力者が地位を手に入れるまでにしでかしてきた悪事は、ひとつやふたつではないだろう（もちろん例外もあるが）。当然、過去を美化して喧伝《けんでん》したくなるだろう。「歴史書」の正体はこれなのだと、まずは用心しなければならない。古代史の謎がなかなか解けないのは、この「歴史書は権力者の弁明と嘘」だという原則を軽視しているからだと思う。権力者の罪が深ければ深いほど、抹殺され改竄《かいざん》された歴史は多いとみなすべきだ。そういう意識をもって、『日本書紀』を考えてみたい。

『日本書紀』は現存最古の正史だ。養老《ようろう》四年（七二〇）に編纂《へんさん》されている。平城京遷都《へいじょうきょうせんと》（七一〇）から十年目のことだ。ここでまず、『日本書紀』をめぐる学説を追ってみよう。

戦前の日本は、天皇を神格化するために、『古事記』や『日本書紀』の神話を利用した。いわゆる皇国《こうこく》史観で、神話は事実と教えられていたのだ。その一方で、『日本書紀』をめぐる研究は、すでに盛んに行なわれていた。皇国史観に反発する者も現れた。その代表格が、津田左右吉《つだそうきち》だった。『日本書紀』や『古事記』の神話は信用できず、歴史ではないと言い放った。戦争中、出版法違反の罪に問われたが、結局著作の販売自粛で、ことは済んだ。

津田左右吉の学説は、戦後史学界のバイブルのようになった。その主張を抜粋しておく。

(1) 神話は絵空事で、歴史ではない。
(2) ヤマトの初代王は『日本書紀』の言う神武《じんむ》天皇(神日本磐余彦尊《かむやまといわれびこのみこと》)ではなく、第十代崇神《すじん》天皇。
(3) 六世紀以前の『日本書紀』の記事は、信用できない。
(4)『日本書紀』には親本があった。それが『帝紀《ていき》』と『旧辞《きゅうじ》』。
(5)『日本書紀』と『古事記』編纂には、天武《てんむ》天皇の強い意思が働いている。

この津田左右吉の主張が、戦後史学界の進むべき方向を決定づけたと言っても過言ではない。

ちなみに、『帝紀』と『旧辞』は、『古事記』序文に登場する。天武天皇が、「諸々の家に残された『帝紀』と『本辞《さきつよのことば》（国記）』は、すでに真実とちがっている」と述べるくだりがある。『日本書紀』推古《すいこ》二十八年（六二〇）是歳条《このとしのじょう》に、聖徳太子《しょうとくたいし》と蘇《そ》我馬子《がのうまこ》が協議して『天皇記』（『帝紀』）と『国記』（『旧辞』）を編纂したというのだ。『天皇記』は天皇の系譜と業績を記録したもの、『国記』は国の歴史を記録したものだ。この推古朝に編まれた『天皇記』と『国記』は、一部が燃えてしまう。乙巳《いっし》の変《へん》（六四五）の蘇《そ》我入鹿《がのいるか》暗殺後、父親の蘇《そ》我蝦夷《がのえみし》は甘樫丘《あまかしのおか》（奈良県高市《たかいち》郡明日香《あすか》村）に追いつめられ、その時所持していた『天皇記』、『国記』を焼こうとしたが、『国記』だけは難を逃れた。この記事を信じれば、『日本書紀』は蘇我氏が大切に保管していた『国記』を参考にして、編まれたことになる。この記事は、なかなか面白いと思う。

　この記事は、多くのヒントをわれわれに与えてくれる。『天皇記』と『国記』は、推古天皇の時代に編まれた蘇我系の歴史書だ。それにもかかわらず、蘇我蝦夷が滅亡する時、焼き払ってしまおうとした。ところが、これをクーデターを起こした側が守ったという。これは、ありえない話で満ちている。

　中国では、王朝交替とともに歴史書（正史）が編纂された。前王朝の腐敗と、新王朝の世直しを示し、王朝交替の正当性を証明するためだ。日本の場合、二度の歴史書編纂時、王統の交替は起きていない。推古天皇の『天皇記』と『国記』、八世紀前半の『日本書紀』の編纂時も、王家は安泰だった。ならば、中国と日本では、発想が異なるのだろうか。そうではあるまい。

ヤマト建国は三世紀後半から四世紀にかけての事件だが、この時からヤマトの王（王、大王、天皇と呼び方は変わっていくが）に実権は与えられなかった（詳細はのちに）。大宝《たいほう》元年（七〇一）に律令《りつりょう》（明文法による統治システム）が整ったのちも、貴族（豪族）の合議機関である太政官《だいじょうかん》に、実権はあずけられた。だから、基本的に大王や天皇に権力は渡されていないし、だからこそ、王家は入れ替わる必要がなかったのだ。

問題は、推古天皇の時代と『日本書紀』編纂時の共通点だ。まず、用明《ようめい》二年（五八七）、物部守屋《もののべのもりや》は蘇我馬子に滅ぼされた。この時、廏戸皇子《うまやとのみこ》（聖徳太子）ら朝廷の主だった者たちも蘇我馬子に荷担した。物部氏は神武東征《じんむとうせい》以前に、すでにヤマト入りし、王となって君臨していた由緒正しい一族だ。しかも、日本一の大地主で、物部氏の没落の直後に、歴史書が編纂された意味は、決して小さくない。『日本書紀』も、藤原氏が権力をほぼ独占し、蘇我氏ら主要な豪族が没落した直後に編まれている。つまり、ヤマト政権の実権を握っていた者が没落したあとに、歴史書が編纂されていたことが分かる。

ここで注意しておかなければいけないのは、『日本書紀』と言えば「天皇家の正当性と正統性を証明するために記された」という、史学界の「漠然とした常識」が、いまだにまかり通っていることだ。『日本書紀』編纂時の権力者は藤原不比等で、父親の中臣《なかとみの》鎌足《かまたり》の功績を顕彰するために、蘇我入鹿を徹底的に悪人に仕立てている（のちに詳述）。

ここまで分かってくると、蘇我蝦夷が甘樫丘で、蘇我氏全盛期につくられた歴史書を自ら焼こうとして、中大兄皇子《なかのおおえのみこ》や中臣鎌足の勢力が、それを阻止しようとしたという設定に、疑念を抱かざるを得ない。身は滅びても歴史書は残そうとするのが人間の気持ちだろう。そして、「『国記』だけは焼けずに済んだ」と言っているのは、「『日本書紀』は蘇我氏の描いた歴史観を踏襲している」と言いたいのであって、「われわれは嘘をついていない」と、主張したかったのだろう。しかし、蝦夷が『国記』を燃やそうとした物語からして、信用できない。

古い古い詐欺？

神話は絵空事というのが、戦後史学界の常識になっているが、歴史書が政治的であるからには、神話もきわめて政治性の強い内容であることは、容易に想像がつく。絵空事と切り捨てているのは、じつにもったいない。たとえば、『古事記』や『先代旧事本紀《せんだいくじほんぎ》』も、神話に政治的な意味合いを残している。結論を先に言ってしまえば、二つの歴史書が「『日本書紀』よりも先に書かれたと偽るために神を利用した」のだ。

「何のために？」

『古事記』も『先代旧事本紀』も、『日本書紀』の歴史改竄を糾弾する目的があったと思う。結論を先に述べておくと、『日本書紀』は蘇我氏と物部氏の活躍と正統性（素姓）を、隠滅したのだと思う。特に、蘇我氏がヤマト建国で大活躍し、しかも王家に近しい人びとだったことを、隠滅したと思う。『日本書紀』を貫く最大のテーマはこれで、事実、

『古事記』は蘇我氏の祖を第八代孝元《こうげん》天皇の末裔《まつえい》・建内宿禰《たけのうちのすくね》に求め、『日本書紀』は武内《たけのうちの》宿禰《すくね》と天皇家の関係を示しながら、武内宿禰と蘇我氏の関係を遮断している。蘇我氏の祖が誰なのか、明記していない。このあと述べるように、蘇我氏の祖神は、スサノヲであろう。しかし、この事実を『日本書紀』は記録できなかった。

『日本書紀』は、蘇我氏の正統性を抹殺するための文書だったことを、明らかにしていきたい。そのためにも、遠回りして『古事記』と『先代旧事本紀』の話をしておこう。『古事記』と『先代旧事本紀』は『日本書紀』よりも先に書かれたことを前提（嘘と思われる）に『日本書紀』の歴史改竄を告発している。そのカラクリを明らかにしておこう。

『古事記』と『先代旧事本紀』の「古い古い詐欺」である。

『古事記』の序文には、天武天皇の次の言葉が載っている。

「聞くところによれば、諸家のもたらした『帝紀』と『旧辞』は、すでに真実とは異なっていて、偽りが多く加えられているというではないか。今、その誤りを直さなければ、すぐに本旨は滅びてしまうだろう。だから、調べ直し、偽りを削り、真実を定めて選録し、後世に残そう」

と仰せられた。そして和銅《わどう》五年（七一二）に、『古事記』は編纂されたという。

一方、『日本書紀』編纂は養老四年（七二〇）のことだったと『続日本紀《しょくにほんぎ》』に記事がある。したがって『古事記』の方が早く完成していたことになる。

ならば、『先代旧事本紀』の序文には、推古天皇の時代に摂政の聖徳太子が蘇我馬子に命じて作らせたとある。この序文を信じれば、『先代旧事本紀』は飛鳥《あすか》時代に生まれていたことになるが、これは明らかな嘘で、『日本書紀』の記事を引用するなど、後世の知識が活かされている。『先代旧事本紀』は、平安時代に編まれた物部系の文書と考えられている。

三冊の歴史書を完成した順番に並べると、『古事記』→『日本書紀』→『先代旧事本紀』となるが、『古事記』は『日本書紀』のあとに作られたとする説がある（『古事記』偽書説）。根拠のひとつは、神話の冒頭に登場する神だ。

『日本書紀』は国常立尊《くにとこたちのみこと》だ。陰陽が分かれず混沌とした状態から、この神が真っ先に登場する。『古事記』は、国之常立神《くにのとこたちのかみ》（国常立尊）の前に、まず天之《あめの》御《み》中主神《なかぬしのかみ》、高御《たかみ》産《む》巣《す》日神《ひのかみ》、神産《かむむ》巣《す》日神《ひのかみ》が生まれていたと書く。『先代旧事本紀』は、天御中主尊《あめのみなかぬしのみこと》よりも前に、天譲日天狭霧国禅日国《あめゆずるひあまのさぎりくにゆずるひくに》 狭霧尊《のさぎりのみこと》が生まれていたという。原初の神が、増えていることが分かる。これは、『日本書紀』よりも古く編まれたことを誇張しようとしたからではないかと言うが、藪蛇なのであって、『日本書紀』の最初の神を知っているからこそ、さらに古い神を追加していたと考える方が、理に叶っている。

『先代旧事本紀』は間違いなく平安時代に記されているが、『古事記』の序文をそのまま受け入れている学者が多く、『日本書紀』より「『古事記』の方が新しい」ことを証明することは骨が折れるが、いずれ、はっきりと証明される日が来るだろう。

2　アマテラス（天照大神）は男神？

伊勢神宮の数々の謎

日本を代表する神と言えば、すぐに思い浮かべるのは、アマテラス（天照大神《あまてらすおおみかみ》）だろう。そして、日本でもっとも崇高な権威ある神社と言えば、アマテラスを祀る伊勢神宮《いせじんぐう》（三重県伊勢《いせ》市）だ。しかし、アマテラスや伊勢神宮には、謎が多い。

たとえば、伊勢神宮が今日の形に整備されたのは、七世紀後半の天武《てんむ》・持統《じとう》朝と考えられている。伊勢神宮の神を祀《まつ》ってよいのは、天皇だけだった。皇族でも、天皇の許可を得る必要があった。この禁を破ると流罪もありえたのだ。ただし、さらに謎めくのは、持統女帝が伊勢に参拝してからあと、近代に至り明治天皇が参拝するまで、誰も天皇は近づいていないことだ。

それだけではない。伊勢神宮の御霊代《みたましろ》（御神体）は、お棺の形をしていて、二十年に一度の遷宮祭の儀礼は、葬送に似ていると指摘されている。なぜか伊勢神宮には、死のイメージが付きまとうのだ。これはいったいどうしたことだろう。

『日本書紀』に記される伊勢祭祀のきっかけも不可解きわまりない。

実在の初代王と目される崇神天皇の時代、宮中で祀られていたアマテラスは、「霊威が強すぎて、とてもではないが、いっしょに暮らせない」と、崇神天皇はアマテラスを宮の外に遷してしまう。しばらく彷徨したあとアマテラスは、伊勢にたどり着いたと『日本書紀』は言う。なぜ、大切な天皇家の神を、天皇自身が恐れたのだろう。そもそも、アマテラスとは、何者だったのか、『日本書紀』の記事で、おさらいしておこう。

『日本書紀』神話の中で、イザナキ（伊弉諾尊《いざなきのみこと》）とイザナミ（伊弉冉尊《いざなみのみこと》）が大八洲国《おおやしまのくに》（国土）を造成したあと、海、川、山、草木を生み、「天下の主者を生まないでいられようか」と語り合い、日神《ひのかみ》・大日孁貴《おおひるめのむち》（アマテラス）、月神《つきのかみ》（月読尊《つくよみのみこと》）、ヒルコ（蛭児《ひるこ》）、スサノヲ（素戔嗚尊《すさのおのみこと》）を順番に生んでいく。大日孁貴の本来の意味は「大日巫女《おおひみこ》」で（後漢《ごかん》の『説文解字《せつもんかいじ》』に「孁は女巫《じょふ》」とある）、太陽神を祀る巫女だが、女神の太陽神アマテラスに変身していく。なぜ祀る側にいたのに、祀られる神になったのかに関しては、のちに詳しく述べる。

イザナキとイザナミはアマテラスが気に入った。「これほど神秘的で霊妙な子はいなかった」と言い、天上界（高天原《たかまがはら》）に送って「天界のマツリゴト」を委ねるべきだと考えた。ちなみに津田左右吉は、天皇の神性は「アマテラスの子孫」であることを拠り所にしていると指摘している。そのとおりだろう。

このあと生まれた月神も、天上界に送った。次に生まれたヒルコは三歳になっても歩けないので、天磐櫲樟船《あめのいわくすぶね》に乗せて捨てた。スサノヲは勇ましく残忍な性格で、泣いてばかりいた。このため、国中の人びとを早死にさせ、青山を枯らしてしまった。そこで根国《ねのくに》（地下の死者や祖霊の国）に追放した。ただしスサノヲは、一目姉に会っておきたいと、天上界にあがってきた。この時、大海原は大きく揺れ、山々は鳴動した。アマテラスは、スサノヲが国を奪おうと企んでいると思い、男装して武器を持ち、立ち向かおうとした。するとスサノヲは、やましい心がないことを告げ、誓約を提案する。スサノヲに男子が生まれれば、無実が証明されるというのだ。結局スサノヲの身の潔白は証明されるのだが、スサノヲは暴れ出してしまう。怒ったアマテラスは、天石窟《あまのいわや》（天の岩戸）に隠れ、世の中はまっ暗になった。天石窟の前で神楽《かぐら》が演じられ、アマテラスをおびき出し、スサノヲは天上界を追放された。こうして地上界に舞い下りたスサノヲは大己貴神《おおあなむちのかみ》（大国主神《おおくにぬしのかみ》、大物主神《おおものぬしのかみ》）を生み（あるいは婿養子にした）、出雲建国に尽力したあと、根国に去って行く……。

アマテラスはこのあと、葦原中国《あしはらのなかつくに》（地上界）を子供たちに統治させようと、出雲の国譲りを画策し、成功すると、孫の天津彦彦火瓊瓊杵尊《あまつひこひこほのににぎのみこと》（以下ニニギ）を送り込んだ。これがいわゆる天孫《てんそん》降臨で、九州の高千穂《たかちほ》（宮崎県と鹿児島県の県境の高千穂《たかちほ》峰と宮崎県西臼杵《にしうすき》郡高千穂《たかちほ》町の二説あり）に舞い下り、歩いて笠狭碕《かささのみさき》（野間《のま》岬）に向かった。そして、ニニギの曾孫の神日本磐余彦尊《かむやまといわれびこのみこと》（神武）が東征して、ヤマトは建国されたのである。

やはり、アマテラスは神話の中心に立っていて、国母《こくも》としての地位を確立している。そうなるとよく分からないのは、「いっしょに暮らせない」と、崇神天皇が恐れたことである。

アマテラスをめぐるもうひとつの謎

アマテラスには、もうひとつ謎がある。『日本書紀』は、アマテラスをはじめ大日孁貴の名で登場させている。これは大日巫女のことで、すでに述べたように、明らかに女性なのだ。ところが、『古事記』は、アマテラスの性別を特定していない。世界中の太陽神は、ほぼ男性で『日本書紀』は、例外の部類に入る。「太陽」の「陽」は陰陽思想では男性を意味する。だから「陽根」は、男の性器をさす。太陽は光を出し続ける「陽(凸《とつ》)の性格」だから、男性と考えられたのだろう。

事実、伊勢神宮の内宮に祀られるアマテラスは、男性だった可能性がある。まず、外宮に祀られる豊受大神《とようけのおおかみ》は、最初から伊勢に祀られていたわけではない。『倭姫命世記《やまとひめのみことせいき》』の記事に、アマテラスが「独り身で寂しい」というので、丹波国余社郡比沼真名井原《たにはのくによさのこおりひぬまなないはら》から、豊受大神を連れてきたとある。したがってアマテラスは男神だったと考えるのが自然だ。

天皇は親族の未婚の女性を斎王《さいおう》に立て伊勢斎宮に遣《つか》わし、伊勢の神(アマテラス)を祀らせた。任を解かれても原則として結婚できなかったのは、斎王がアマテラスの妻になるからだろう。

鎌倉時代の『通海参詣記《つうかいさんけいき》』には、斎王の寝床の上に、毎朝必ずウロコが落ちていること、伊勢の神(蛇)が通って来るからだと記される。やはりここでも、伊勢の神は男性と信じられていたことが分かる。

伊勢神宮の神殿の床下には、秘中の秘とされる心《しん》の御柱《みはしら》がにょきっと立つ（床には接していない）。大物忌という童女だけが祀ることを許された。アマテラスがこの地に祀られる以前の、土着の太陽神を祀っているのではないかと考えられているが、「リンガ（男根）」とみなされてもいる。

謡曲『三輪《みわ》』の中で、三輪の神が女姿で登場し、「思へば伊勢と三輪の神、一体分身の御事、いまさら何と磐座《いわくら》や」と述べるくだりがある。舞台は三輪山《みわやま》を御神体とする大《おお》神神社《みわ》（奈良県桜井市《さくらい》）で、三輪の神と言えば、出雲の大物主神だ。そしてもちろん、大物主神は男神である。

ならばなぜ、大物主神が女姿で登場し、しかも「伊勢と一体分身」と言っているのだろう。「そんなことは、いまさら力んで言うまでもないことだ（何と磐座や）」と、語っている。ここに、伊勢神宮の祭神をめぐる、大きな謎と闇を感じるのである。

『日本書紀』はいったいなぜ、アマテラスを女性にしてしまったのだろう。そしてなぜ、みながみな、「伊勢の神は男性」と、主張しているのだろう。

この謎解きは、徐々にしていこうと思う。

3　出雲は謎だらけ？

なぜ歴史時代に至っても出雲神は大切にされたのか

『日本書紀』神話のひとつのクライマックスは、出雲の国譲り神話だろう。アマテラスの子・正哉吾勝勝速日《まさかあかつかちはやひ》天忍穂耳尊《あまのおしほみみのみこと》が高皇産霊尊《たかみむすひのみこと》（高天原に生まれた生成の霊力を持った神）の娘・栲幡千千姫《たくはたちぢひめ》を娶《めと》ってニニギが生まれた。皇祖《みおや》・高皇産霊尊は、ニニギをかわいがり、貴んで育てられた。そしてニニギを葦原中国の主にしようと考えたが、地上界には、蝿のようにうるさい邪神がいた。そこで天穂日命《あまのほひのみこと》（出雲国造家《いずもこくそうけ》の祖）を派遣したが、三年もの間復命しなかった。出雲に同化してしまったのだ。そこで、次々と神を送り込んだが、なかなかうまくいかない。最後に経津主神《ふつぬしのかみ》と武甕槌神《たけみかづちのかみ》が国譲りを成し遂げる。出雲の五十田狭《いたさ》の小汀《おはま》に十握剣《とつかのつるぎ》を逆さまに突き立て、その上に膝《ひざ》を立てて座り、オオナムチ（大己貴神）に国譲りを迫った。するとオオナムチは「子のコトシロヌシ（事代主神）に聞いてほしい」と言う。三穂《みほ》の碕《さき》（島根県松江《まつえ》市）で釣をしていたコトシロヌシに使者をさし向けると、承諾し、波の上に八重の蒼柴籬《あおふしがき》（幾重もの垣。神の隠れる神籬《ひもろぎ》）を作り、舟を踏み傾けて海に消えた。これを聞いてオオナムチも恭順し、「百足《ももた》らず八《や》十隈《そくまで》に隠れましょう」と、去って行った。こうして経津主神らは鬼神《きじん》らを討ち取った。高皇産霊尊は孫のニニギを真床追衾《まとこおうふすま》（玉座を包む衾）にくるんで地上界に降ろした。これが、出雲の国譲りと天孫降臨神話だ。

　神話の中で、出雲は敗北したのだ。ところが、ヤマト建国後、天皇家は出雲神を大切にしていく。神武天皇以下、黎明期の王家は、出雲神の娘を迎えいれている。ヤマト建国の地は三輪山麓の纏向《まきむく》（奈良県桜井市）で、三世紀に政治と宗教に特化した都市が生まれ、前方後円墳《ぜんぽうこうえんふん》が誕生した。王家誕生の地の聖地三輪山を御神体にする大神神社の祭神は出雲神大物主神だ。

出雲大社建立説話も、無視できない。第十一代垂仁《すいにん》天皇の御子・ホムツワケ（誉津《ほむつ》別命《わけのみこと》）は、三十歳になって八《や》掬《つかひ》髯《げ》鬚（長いヒゲ）が生えても泣き止まず、言葉を発しなかった。ある時、鵠《くぐい》（白鳥）が空を飛んでいるのを見たホムツワケは、「あれは何でしょう」と呟いた。天皇は白鳥を追わせて、出雲（あるいは但馬《たじま》）で捕まえた。すると、ホムツワケは言葉を発するようになった。

『古事記』にも似た話が載る。こちらは、ホムツワケが言葉を発せられないのは祟りで、「出雲大神《いずものおおかみ》の御心」だとある。そこでホムツワケは出雲に赴き、肥河《ひのかわ》（斐伊《ひい》川）に仮宮を建て、のちに垂仁天皇は大神を祀る宮殿を建てたとある。実在のヤマトの初代王が崇《す》神《じん》天皇だから、建国の直後の話だ。

なぜ歴史時代に至っても、出雲神と王家がかかわっていたのか。

出雲神話は絵空事？

かつて、出雲神話は絵空事と信じられてきた。最大の理由は、神話に対する不信感が横たわっていたからだ。出雲が神話に占める割合は非常に大きいが、それに見合うほどの遺物が、昔は発掘されていなかった。そこで梅原猛《うめはらたけし》のように、ヤマト政権の観念上の神々が、出雲に流された（流竄《りゅうざん》）とする説も登場したのだ。

整理すると、出雲神話にまつわる学説は、おおよそ四つの考えにまとまる。
（1）天上界と出雲の対立は、歴史とはまったく関係がない。中央貴族の理念的産物（津田左右吉や唯物史観の学者）。
（2）二つの対立は本当だった。天神系と国津神系の所属の対決（喜田貞吉、高木敏雄ら「民族闘争説」）。
（3）出雲内部で小規模で局地的な主導権争いは勃発していて、朝廷がのちに全国的なスケールに仕立て上げた（井上光貞、上田正昭ら「出雲氏族交替説」）。
（4）これらの説を融合させ一元化した松前健の「巫覡《ふげき》信仰説」。後世の出雲の巫覡の活躍によって、出雲神話が広く世間に知れ渡ったという発想。

いろいろな意見が提出されたが、結局出雲にまつわる謎を解き明かすことはできなかった。

通説は、大きな過ちを犯していたと思う。まず第一に、『日本書紀』の目論見に気づかなかったことだ。神話は天皇家の祖神の活躍を掲げて、顕彰する目的で作られたと信じてきた。だから、ほとんどが創作にちがいないという漠然とした共通認識があった。南部九州にニニギが舞い下りたのも、王家の歴史をなるべく遠くに見せかけるためだと説明されてきた。もちろん、出雲の神々も、観念的に悪役が用意されたぐらいにしか考えてこなかったのだ。そもそも、六世紀以前の『日本書紀』の記事はほとんどあてにならないというのが、常識になっていたし、戦後の史学界は戦前の皇国史観に対する反動で突き動かされていたようなところがあったから、神話の世界を歴史に読みなおすなどという発想は、ほとんどなかったのだ。

しかし、これから順番に説明していくように、『日本書紀』はヤマト建国とその直前の歴史を熟知していて、だからこそ真相を闇に葬ろうと考え、大切な場面を、神話にして封印してしまった可能性が高い。だから、出雲の国譲り神話にも、「『日本書紀』編者の何かしらの意図、作為」を汲み取る必要がある。

そして第二に、参考にする考古学資料が圧倒的に少なかった。戦後の日本列島の各地で開発が進み、同時に考古学調査も進行したが、山陰地方は開発が遅れたために、発掘調査が後回しになってしまった。だから、「山陰には神話に見合うだけの巨大な勢力はなかったのだろう」と、勝手に判断されていたのだ。しかし、これが大きな過ちだった。

昭和五十九年（一九八四）七月、島根県出雲市斐川《ひかわ》町の農道建設予定地から大量の青銅器がみつかった（荒神谷遺跡《こうじんだにいせき》）。ややあって、近くの加茂岩倉《かもいわくら》遺跡（島根県雲南《うんなん》市加《か》茂《も》町）からも、銅鐸《どうたく》三十九個がみつかり、青銅器文化圏の二大勢力と考えられていた北部九州と畿内を出雲が追い越してしまったのだ。その後山陰地方の発掘調査が進み、かつての推論は、ほぼひっくり返されてしまった。出雲は確かに、そこにあったのだ。

ちなみに、荒神谷遺跡は、『出雲国風土記』大原郡神原《おおはらのこおりかみはら》の段に、「天の下造《つく》らしし大神

（オオナムチ）」のお宝を積み置いた場所だったと記されていた。神話に、何かしらの真実が隠されていた可能性が出てきた。

さらに、弥生時代後期（ヤマト建国直前）の出雲には、巨大で個性的な四隅突出型墳丘墓《よすみとつしゆつがたふんきゆうぼ》（方墳《ほうふん》の四隅が三味線の撥《ばち》のように出っ張っている）が造営されていて、強い首長が誕生していたことも分かってきた。しかもこの埋葬文化は、日本海を東に向かって、越《こし》（北陸地方）まで伝播していた。さらに、弥生時代後期の山陰地方には、大量の鉄が流れ込んでいたことも分かってきた。こうなってくると、出雲神話を無視しておくことはできなくなってきたのだ。

ならば、どうやって出雲の歴史を再現できるのだろう。

ここで重視しておきたいのは、ヤマト建国のことなのだ。

三世紀初頭、ヤマトの纏向に都市が成立していたことはすでに触れたが、外来系の土器の割合は、東海四九％、山陰・北陸一七％、河内一〇％、吉備《きび》七％、関東五％、近江五％、西部瀬戸内三％、播磨三％、紀伊一％だった。ここで注目したいのは、東海系の土器が約半数を占めていたこと、山陰地方からも、多くの土器（人びと）がヤマトにやってきたことだ。纏向に誕生した前方後円墳も、いくつかの埋葬文化の寄せ集めだったことが分かっている。そのうち葺石《ふきいし》は、出雲の四隅突出型墳丘墓に施された貼石《はりいし》の影響とされている。

ヤマト建国に出雲は参画していたことが分かる。ただし、直前まで、北部九州が鉄器をヤマトに流さないように、出雲と吉備と手を組んでいたのではないかとする説がある。近畿地方南部（ヤマトの周辺）は、鉄の過疎地帯となっていたのだ。ヤマト建国の不思議は、まさにここにある。富を蓄えていなかったヤマトに、なぜ突然人びとが集まってきたのか。もうひとつ不思議なことは、北部九州の土器がほとんどヤマトでみつかっていないのだ。その代わり、北部九州と手を組んでいたはずの出雲が、ヤマトに乗り込んでいる。この謎をどう考えればよいのだろう。

さらに、ヤマト建国後、出雲は没落していく。これも、考古学的にはっきりと分かっている。謎だらけのヤマト建国と出雲の衰退。ここに、出雲の国譲りの真相が埋もれているのだろうか。

4　日本を作ったのはスサノヲ？

強い王の発生を嫌った銅鐸文化圏

出雲だけに目を奪われていると、ヤマト建国の真相が見えてこない。発掘資料の蓄積によって、ヤマト建国の様相がほぼ再現できるようになってみると、建国に貢献した地域が、ほぼピンポイントで『日本書紀』が無視してしまったことが分かってきた。ここに大きな謎がある。タニハ（但馬《たじま》、丹波《たんば》〔丹後《たんご》〕、若狭《わかさ》、要は北近畿をさす）、近江、東海、吉備、出雲が、ヤマト建国の主役だったのに、『日本書紀』は出雲と南部九州だけを神話で取りあげている。弥生時代後期にもっとも栄えていた北部九州も無視している。つまり、「出雲神話の中に、いろいろな地域の歴史が織り交ぜられている可能性」すら、浮上してくるのだ。

そこで改めて、ヤマト建国の考古学を紹介しておきたい。

組織的な戦争は、人類が農業を選択した時に始まっていた。人口が増え、新たな農地と水利の奪いあいが始まったのだ。だから、弥生時代に本格的な農業が北部九州で始まり、次第に東に伝播していくと、きな臭くなっていったのだ。弥生時代後期の日本列島は、戦乱の時代を迎えていた。中国の歴史書にも「倭国大乱《わこく》」と描かれている。そして、鉄の流通をめぐる主導権争いも始まった。問題は、北部九州が出雲と吉備を抱き込み、近畿地方南部（ヤマト周辺）に鉄を流さなくなったことで、その理由は二つあった。まず第一に、奈良盆地は西側からの攻撃に頗《すこぶ》る強く、ここに大きな勢力が盤踞《ばんきょ》すれば、手も足も出なくなること、第二に、北部九州は、東側から攻められれば、守り切れないアキレス腱を抱えていた。それが大分県の日田《ひた》市の盆地で、ここを東の勢力に奪われ、福岡市に上陸されれば、挟み撃ちになり、守り切れなくなる。だから、ヤマトの発展を恐れた北部九州は、文明の利器がヤマトに流れ込まないようなカラクリを用意した。

そもそも北部九州とヤマト周辺では、祭器の文化圏が異なっていた。北部九州の銅《どう》矛《ほこ》・銅剣文化圏、ヤマト周辺の銅鐸文化圏だ。同じ青銅器で作るが、所持する意味がまったくちがっていた。

銅矛・銅剣の場合、強く富んだ首長が、祭器を独占し、墓にも副葬した。しかし銅鐸は巨大化し、個人が持ち運びできなくなり、集落全体で祀る祭器に変化していったのだ。すなわち、近畿地方から近江、東海にかけての銅鐸文化圏は、「強い王を望まない地域」だったわけだ。

また、ヤマト周辺には、古い石器流通のネットワークが残されていて、畿内の諸集団が独占的にネットワークを支配していたのではなく、互恵的な社会システムが機能していた。北部九州が鉄器を独占的に支配し、流通を加減して、出雲や吉備をつなぎ止めておいたやり方とは正反対だったのだ。そして、ヤマト周辺では青銅器も入手可能だったのに、あえて二上山《ふたかみやま》サヌカイトの石製短剣を集落の人びとが所持し、強い権力者を排除していた様子がみてとれるという（設楽博己『考古学による日本歴史　九』雄山閣出版）。寺前直人は石製短剣や銅鐸を、「文明に抗う社会装置」と表現し、ヤマト建国直前のヤマト周辺は、権力の空白地帯になったと指摘している（『文明に抗した弥生の人びと』吉川弘文館）。

ヤマト建国最大の謎は、「力も富もないヤマトに、なぜ国の中心ができあがったのか」にある。鍵を握っていたのは、東海と近江だ。

纏向《まきむく》が出現する前後、まず東海と近江の銅鐸文化圏から、奈良盆地の東南の縁《へり》（いわゆるオオヤマト）に人びとが移住し、纏向出現のきっかけを作ったようなのだ。つまり、「比較的弱い王を求める人たちが、真っ先に文明に抗うヤマトに乗り込んだ」わけだ。

ゆるやかな連合体が生まれると言っても、ヤマトは西側からの攻撃に強い土地だから、出雲や吉備は、あわててヤマトと手を組んだ。ここに、ヤマト建国の妙がある。

近江と東海はなぜ、急速に力をつけたのだろう。彼らを影から操っていたのが、タニハなのだ。

ヤマト建国の直前、出雲は北部九州と手を組んで力をつけ、四隅突出型墳丘墓の様式を東に向けて発信し、日本海の覇権を確立しようと企てていたが、タニハが、これを拒んだ。彼らは、方形台状墓《ほうけいだいじょうぼ》を造り続けたのだ。さらに、タニハは朝鮮半島との独自のパイプを利用して鉄を手に入れ、近江や東海との間で交易を始め（考古学が突きとめている）、一帯が豊かになっていったのだ。タニハは近江と東海の成長を促し、出雲や北部九州に対抗するつもりだったのだろう。

つまり、ヤマト建国は日本海の主導権争いの産物と言っても過言ではない。またこの時期、タニハが播磨《はりま》で出雲神と闘っていたことが『播磨国風土記《はりまのくにのふどき》』の記事から分かるが、それは、明石海峡の制海権をめぐる争いと考えると、多くの謎が解けてくる。のちの時代に、「畿内」は明石海峡から東側をさすようになるが、ヤマト政権にとって、淡路島を含んだ西側は、もともと気の許せない場所だったわけだ。

スサノヲはアメノヒボコ？

もうひとつ興味深いのは、ヤマト建国の前後、タニハが次第に西を圧迫していったことだ（これも、考古学が明らかにしている）。これは、『日本書紀』神話に描かれていたのではあるまいか。スサノヲの出雲入りが、怪しい。

スサノヲは簸川《ひのかわ》の川上に舞い下り、土着の神（八岐大蛇《やまたのおろち》）を退治し、すがすがしいからと、須賀宮《すがのみや》を建てた（須我《すが》神社）。出雲には須我神社がいくつも祀られるが、出雲の中枢部には、祀られていない。周辺を囲むようにして鎮座する。まるで、出雲を監視するかのような場所だ。これも、無視できない。

スサノヲは天上界の暴れ者だが、アマテラスと「ヒルコとヒルメ」の対の関係で、誓約《うけい》によって天皇家の祖を生み落としている。古くはスサノヲこそ、皇祖神と信じられていたのではないかとする説がある（泉谷康夫『日本書紀研究　第一冊』三品彰英編　塙書房）。ヤマト建国の黒幕がタニハで、スサノヲはタニハと不思議な縁でつながっていく。

スサノヲは出雲神のイメージが強いが、実際には出雲に外から乗り込んだ神で、出雲のオオナムチを娘の婿に迎えいれている（オオナムチの子や末裔の可能性も）。スサノヲを「タニハの王」と考えると、いくつもの謎が解けてくる。

北部九州は朝鮮半島にもっとも近く、途中に壱岐《いき》、対馬《つしま》という格好の止まり木を利用して鉄器を独占したが、タニハも、これに対抗して独自の鉄器のルートを確保したようだ。これは説話にもなっている。それがアメノヒボコ伝説で、ヤマトの黎明期に新羅（伽耶《かや》）王子のアメノヒボコが来日し、大暴れして西日本を巡り、瀬戸内海から近江を経由して但馬（兵庫県豊岡市）に住みついたと『日本書紀』は言う。問題はアメノヒボコ（天日槍《あめのひぼこ》、天之日矛《あめのひぼこ》）の名が朝鮮半島のそれではなく、日本の神そのもので、しかも天に輝く太陽（日）であり、天の槍や矛（男根）と言うからには、『日本書紀』の言う女神のアマテラスが創作される以前の元始の太陽神だった可能性が高い。そしてそれは、ヒルコとヒルメの対として、男性の太陽神だったと思われるスサノヲの姿に重なってくる。しかもスサノヲは最初新羅の地に降り立ち、その後日本にやってきている。ここでもアメノヒボコとスサノヲは重なって見える。

『三国史記』には、倭国の東北千里の地にある「多婆那国《たばな》」の王子が捨てられ、朝鮮半島の新羅に流れ着き、ひょんなことから、王に立ったと言っている。これが脱解王《だつかいおう》だ。多婆那国は「タンバ（丹波）＝タニハ」のことではないかと疑われているが、弥生時代後期の朝鮮半島南部の鉄の産地に、倭人が群がっていた。そして縄文時代にすでに朝鮮半島最南端は、北部九州と共通の文化圏を形成していたことは、考古学的に明らかになっている。

アメノヒボコはとある女性を追って来日するのだが、その女性は「親の国に帰る」と言っている。アメノヒボコも、鉄を求めて日本海を渡り大成功して日本に戻ってきたから、「天日槍」と、日本の太陽神の名を与えられたのではなかったか。しかも、朝鮮半島との鉄の交流ルートを確立し、但馬に住みついたのだから、日本海を股にかけたタニハの王であり、太陽神の名で称えられるのは、タニハの地からヤマト建国をプロデュースした人だからではなかろうか。『播磨国風土記』には、出雲の神とアメノヒボコが瀬戸内海沿岸部で争っていたことが記されている。出雲神話の神と歴史時代の人物が闘っているから、史学者の多くは無視する。しかし、出雲とタニハが弥生時代後期の日本海で対立していたことは事実であり、播磨の瀬戸内海側には、淡路島との間に重要な明石海峡があり、さらに、瀬戸内海と日本海を結ぶ陸路が、播磨でVの字に交差していたのだ。播磨を押さえた者が、瀬戸内海の覇者になりえたし、ヤマト建国を成功させるためには、明石海峡の奪取が絶対条件だった。神話の中で最初に生まれた国土が淡路島だったのは、そのためだろう。つまり、考古学の進展によって、『日本書紀』や『風土記』に記された「お伽話」の裏側の構造が見えてきたのである。

それにしても、なぜ『日本書紀』は、アメノヒボコやスサノヲの正体を抹殺してしまったのだろう。それは、スサノヲが蘇我氏の祖だったからだと考える。

スサノヲの最初の出雲の宮は須賀宮だったが、出雲大社本殿真裏のスサノヲを祀る社は素鵞社《そがのやしろ》で、これは「すが」ではなく「そが」と読む。須賀宮で生まれた子に清之湯《すがのゆ》山主三名狭漏彦八嶋篠《やまぬしみなさるひこやしましの》がいるが、但馬一の宮の粟鹿《あわが》神社には、この神を蘇我能由夜麻奴《そがのゆやまぬ》斯禰那佐牟留比古夜斯麻斯奴《しみなさむるひこやしましぬ》と記す。「スガ」が音韻変化して「ソガ」になった。スサノヲの子は「ソガ」だ。奈良県橿原《かしはら》市の蘇我氏の拠点に祀られる宗我坐宗我都比古《そがにますそがつひこ》神社は、近鉄線「真《ま》菅《すが》駅」に隣接する。ここでも「スガのソガ」だ。蘇我氏の祖はスサノヲから生まれていて、ヤマト建国に大いにかかわり、だからこそ蘇我氏を敵視する『日本書紀』は、蘇我氏の正統性を書き残すことはできなかったのだろう。

ただし、だからといって、神話の謎がすべて解けたわけではない。たとえば、天孫降臨神話も、謎だらけだ。

5　なぜ南部九州に皇祖神は舞い下りたのか

神功皇后の九州征伐はヤマト建国の考古学と重なってくる

神話最大の謎は、ヤマト建国に携わった重要な地域が、ことごとく無視されていることだろう。唯一、出雲だけが、神話に登場する。ヤマト建国を促したタニハや、ヤマトに乗り込んだ東海、近江は、まったく無視され、前方後円墳の原型を造り上げた吉備も、もちろん登場しない。そして、弥生時代後期に日本列島でもっとも栄えていた北部九州も、神話は無視する。これは、意図的ではなかろうか。

さらに、三世紀初頭（二世紀末とする説もある）に纏向に人びとが集まりはじめるが、そのあと、人の流れが、近畿地方や山陰地方から西に向かい、北部九州に、なだれ込んでいる。この事実も、神話のどこにも書かれていない。先述した日田の盆地にも、畿内と山陰の土器が流れ込んだ。また、北部九州の沿岸地帯にも、畿内の土器が流入した。奴国《なこく》（福岡県福岡市とその周辺）は、ヤマトに呑み込まれてしまったようなイメージだ。それどころか、皇祖神（ニニギ）は南部九州の高千穂に舞い下り、その後曾孫の神日本磐余彦尊（神武）は、日向から東に向かってヤマトに乗り込んだと言っている。なぜ、天皇家の故地が北部九州ではなく南部九州になったのだろう。

ここで冷静になって『日本書紀』を読み返すと、ヤマト建国の様子は、歴史としてしっかりと記録されていたことが分かる。しかも、その事件は、「邪馬台国《やまたいこく》の時代に起きていた」と、『日本書紀』が言っている。これを史学者が見逃してしまったのは、いらない常識が邪魔していたからだろう。というのも、ヤマト建国の記事が載っていたのは、第十五代応神《おうじん》天皇の母・神功《じんぐう》皇后の時代だったからだ。実在の初代王は第十代崇神《すじん》天皇というのが通説の考えだから、気づかずにいたのだ。『日本書紀』のヤマト建国のあと、畿内勢力が西側の九州に向かって覇権を確立していったという話は、応神天皇の祖父・ヤマトタケルの時代まで記録されず、ヤマトタケルの西征はお伽話で、息子夫婦（仲哀《ちゅうあい》天皇と神功皇后）の九州征討が、まともな歴史の体をなしているのだから、ここに大きなヒントは隠されていたのだ。しかも、『日本書紀』は神功皇后が邪馬台国の時代の女傑だったと（ていねいにも）ほのめかしているのだ。邪馬台国の時代とヤマト建国は、ほぼ同時代だから、神功皇后の行動を探れば、ヤマト建国の詳細は明らかにできるだろう。

ならば、そもそも神功皇后は何者なのだろう。神功皇后は気長足姫尊《おきながたらしひめのみこと》（息長帯比売命《おきながたらしひめのみこと》）で、「オキナガ」は、近江の地名だ。第九代開化《かいか》天皇の末裔で、母方の祖にアメノヒボコがいる。神功皇后は摂政を長く務めたが、その間、『日本書紀』は「魏志倭人伝《ぎしわじんでん》」の記事を引用し、神功皇后が邪馬台国の女王であったかのようにあつかっている。通説は、第十五代応神天皇の母が邪馬台国の女王のはずがないと、無視する。しかし、神功皇后の行動は、ヤマト建国直後の考古学と、恐ろしいほど重なってくる。

神功皇后の九州での行動を追っていくと、次のようになる。九州の熊襲《くまそ》が叛《そむ》いたと聞き、神功皇后は角鹿《つぬが》（福井県敦賀《つるが》市）から、日本海を西に向かい、穴門豊浦宮《あなとのとゆらのみや》（山口県下関市《しものせき》）で夫の仲哀天皇と合流する。ここにしばらく留まったあと西に向かうと、北部九州の沿岸部の首長たちが恭順してきた。そこで橿日《かしひ》宮に拠点を構えた（福岡県福岡市）。ところが、ここで仲哀天皇は住吉大神《すみよしのおおかみ》の命令を無視したために頓死。神功皇后は、天皇の死を隠し、軍勢と共に南に向かい、山門県《やまとのあがた》の女首長を討ち取って、反転した。新羅征討を終えて九州に戻ってくると、応神を生み、ヤマトに向かった。しかし、仲哀天皇の遺児たちが陣を敷いて待ち構えていた。これを蹴散らし、神功皇后らは、ヤマトに凱旋した……。

これに考古学を重ねてみよう。ヤマト建国後、多くの人々が北部九州沿岸部に流れ込んでいたことが、土器資料から分かっているが、奴国（福岡県福岡市と周辺）と日田に、拠点を構えていたことが分かっている。奴国と日田に、濃厚な神功皇后伝説が残っているのは、偶然ではないだろう。また、北部九州勢力をヤマトが追い詰めるなら「これしかない」と言えるほど、理に叶った場所に、楔《くさび》を打ち込んでいることがわかる。

問題は、仲哀天皇の死をどう考えるかだ。神功皇后が近江とかかわり（オキナガ）、アメノヒボコを通して、タニハともつながっていた。そして角鹿から日本海を西に向かい、夫は瀬戸内海を利用して豊浦宮にやってきた。ここに、大きな暗示が秘められていると思う。仲哀天皇の不審な死は、日本海と瀬戸内海の主導権争いが勃発し、最初日本海勢力が勢いを得たということではなかったか。

ここで無視できないのは。神功皇后が山門県の女首長を殺していること、山門県が邪馬台国北部九州説の最有力候補地だったことである。

江戸時代の国学者・本居宣長《もとおりのりなが》は、邪馬台国偽僭《ぎせん》説を提唱していた。卑弥呼《ひみこ》の邪馬台国は北部九州にあったが、本当の「邪馬台国＝ヤマト」は畿内で、卑弥呼は「われわれがヤマト」と魏《ぎ》に報告し、詐欺まがいの手口で「親魏倭王《しんぎわおう》」の称号を獲得してしまったと推理した。考古学を重ねると、おそらくこれが正解なのだ。邪馬台国の時代に、ヤマトから多くの人びとが北部九州に押し寄せていて、海岸部と日田盆地を押さえ、高良山の近くの山門県は、押さえ込まれてしまったのだろう。神功皇后が奴国から南下し、女首長を討ち取った。その神功皇后は、「トヨの海の女神」と多くの接点をもっていて、山門県の首長＝卑弥呼を討ち取ったあと、女王の地位に就いたのだろう。それが、「魏志倭人伝」に登場する卑弥呼の宗女・台与《とよ》だろう。ヤマト側としても、親魏倭王を倒してしまったと魏に知られてはまずく、「一族の女性があとを継いだ」ことにしてしまったのだろう。

このあと、日本海側（山陰地方）が急速に没落していく。神功皇后＝台与が北部九州の王に立ってしまったことで、ヤマトと九州それぞれが瀬戸内海と日本海に分かれ、二つの勢力の間に疑心暗鬼が生じたのだろう。

神功皇后が近江＋日本海の女傑とすれば、仲哀天皇は、瀬戸内海を代表する者だったのだろう。橿日宮で仲哀天皇は住吉大神の命令を無視したために変死したが、この晩住吉大神と神功皇后は、夫婦の秘め事をしたと住吉大社（大阪市住吉区）の『住吉大社神代記』には、記録されている。『古事記』には、この時神功皇后に侍《はべ》っていた男性は建《たけの》内宿禰《うちのすくね》（武内宿禰《たけのうちのすくね》）だけとあり、住吉大神も武内宿禰も、どちらも「翁」のイメージが強いから、神功皇后が生んだ応神は、武内宿禰の子ではなかったか。『日本書紀』は神功皇后が新羅征討に向かった時産み月だったので、腰に帯で石をはさんで出産を遅らせたと言い、さらに仲哀天皇の亡くなった晩から十月十日後に応神は生まれたと「特記」する。これは、『日本書紀』編者が「応神は仲哀天皇の子に決まっているではないか」と、やや力み気味に弁明しているのだが、藪蛇だと思う。

『古事記』は建内宿禰（武内宿禰）を蘇我氏の祖とするが、『日本書紀』は武内宿禰と蘇我氏の関係を無視している。蘇我氏ほどの大豪族なのに、先祖が誰だったのか、はっきりと分からない。「渡来系ではないか」とする説もあったが、それが本当なら、『日本書紀』編者は、迷わず「エイリアンが七世紀に王家を倒そうとした」と、罵倒していただろう。

問題は、神功皇后と秘め事をしたという住吉大神が武内宿禰に似ていて、武内宿禰はヤマト黎明期の蘇我系の人物なのだから、スサノヲと限りなく近い存在だった可能性が高いことだ。スサノヲのモデルとなった人物か、子供か、周辺の親族だろう。

蘇我氏は畿内豪族のイメージが強いが、日本海や南海（太平洋ルート）とも強い縁で結ばれている。それは、スサノヲが日本海を股にかけて活躍し、紀伊半島ともかかわりをもっていたからだろう。ヤマト建国後主導権を握った瀬戸内海を挟み込んでいるのは、「強い瀬戸内海」に対抗するためだろう。

ここまで分かってくると、「なぜ天皇家の祖は南部九州に降臨したのか」の意味も分かってくる。

なぜ天皇家の祖は南部九州に舞い下りたのか

残された謎は、なぜ『日本書紀』神話は、天孫降臨の地を南部九州にしなければならなかったのか、ということだ。この設定、史実だったのではあるまいか。説明しておこう。

考古学は、ヤマト建国後の奴国が没落し、西隣の伊都国が発展していたことを突きとめている。神功皇后が頼りにしたのは奴国だったから、ここで異変が起きていた可能性が高い。

この動きを解き明かすためのヒントを握っていたのは、日本を代表する海人・阿曇氏《あずみ》だと思う。阿曇氏は奴国王の末裔と考えられている。奴国は弥生時代後期、後漢に朝貢し、倭を代表する国として認められていた。神功皇后がまず奴国に拠点を構えたひとつの理由は、九州から南西諸島、朝鮮半島にネットワークを持つ阿曇氏と手を組むためだろう。神功皇后は、奴国の阿曇磯良丸を寵愛したと伝わる。のちに阿曇氏はヤマト政権の海人たちを束ねる地位にのぼりつめる。

　ところで、没落した奴国の貴種は、ヤマト建国からしばらくして、奴国から逃亡した可能性が高い。志賀島《しかのしま》の金印は、江戸時代に見つかるが、目印になるぐらいの大きさの石の下から見つかっている。後漢からもらい受けたもので、「漢委奴国王《かんのわのなのこくおう》」の文字が刻まれていた。もうひとつ、後漢の王族クラスが所持していた鉄鏡《てつきょう》（金銀錯嵌珠龍文鉄鏡《きんぎんさくがんしゅりゅうもんてっきょう》）は、日田市からみつかっている。こちらも、副葬されていたわけではなく、斜面から、偶然みつかった。九州国立博物館文化交流展示室長（当時）の河野一隆《かわのかずたか》は、奴国王が伊都国との戦いに敗れて逃げ、志賀島に金印を埋めて、さらに金銀錯嵌珠龍文鉄鏡を日田にもちこんだのではないかと推理した（西日本新聞、二〇〇七年一一月六日）。

　奴国と日田に、後漢のお宝が眠っていたことは重要な意味がある。ヤマトが北部九州を制圧するには、この二ヶ所がどうしても必要で、神功皇后も奴国と手を組み、大切に守っただろう。ところが奴国は一気に衰退し、追い出された。これは、伊都国の単独行動というよりも、日本海を代表する神功皇后たちを、瀬戸内海勢力が伊都国と手を組み、追い詰めたと考えた方が、理に叶っている。奴国と日田を追われた神功皇后と奴国の貴種たちは、九州の海人たちのネットワークを頼って、九州西海岸を南下し、野間《のま》岬にたどり着いたのではなかったか。

第二章　見えてきたヤマト建国の真相

6　神武天皇の母と祖母が海神の娘という謎

なぜ『日本書紀』は天皇家と阿曇《あずみ》氏の関係を抹殺したのか

『日本書紀』最大級の謎なのに、ほとんど注目されていないのは、神武《じんむ》天皇の母と祖母のことだ。

神話の中でニニギの子の山幸彦《やまさちひこ》（神武の祖父）は、海神の宮に赴き、海神（豊玉彦《とよたまひこ》）の娘豊玉姫《とよたまひめ》と結ばれ、ウガヤフキアエズ（彦波瀲武鸕鷀草葺不合尊《ひこなぎさたけうがやふきあえずのみこと》）が生まれた。そのウガヤフキアエズは豊玉姫の妹・玉依姫《たまよりひめ》を娶《めと》り、産まれ落ちた子が神日本磐余彦尊《かむやまといわれびこのみこと》（神武）だ。ならば海神の正体を明らかにすることはできるのだろうか。『新撰姓氏録《しんせんしょうじろく》』は、海神・豊玉彦の子の穂高見命《ほたかみのみこと》の末裔《まつえい》が阿曇《あずみ》氏といっている。これに北部九州の伝承をまとめれば、山幸彦とかかわった海神は阿曇氏の祖神だったことになる。阿曇氏が祀るのは「綿津見神《わたつみのかみ》（少童命《わたつみのみこと》）」で、海神の中の海神である。

豊玉姫と玉依姫は阿曇氏が祀《まつ》る女神で、神武天皇の母系は二代続いて海人の女神だったことになる。この設定に関して、深く詮索されてこなかった。この「設定」は、創作と考えられているが、なぜこんな話が必要だったのだろう。そうではなく、この系譜は史実だったのではあるまいか。

「そもそも神武天皇は、実在したのか？」

と、首をかしげる方も多いだろう。邪馬台国《やまたいこく》北部九州説が有力視されたころは、神武天皇は『日本書紀』の言うような南部九州からの東遷《とうせん》ではなく、北部九州からヤマトに乗り込んだと考えられていた。しかし、纒向《まきむく》遺跡の発掘調査が進み、北部九州から纒向に土器や人が集まっていないことが分かってくると、一層「神武と九州の女人」の話など、どうでもよくなってしまったのだ。

いや、だからこそ、なぜ『日本書紀』編者は、北部九州沿岸部のかつての奴国《なこく》の王女たちを、神武の母と祖母に据える必要があったのか、という疑念を蒸し返したいのである。

ところで、阿曇氏は、古代史の中で大きな活躍をしていない。しかし、無視できない存在だし、『日本書紀』はあえて、彼らの活躍を伏せたのではないかと思える節がある。そもそも、阿曇氏が天皇家の母系の祖だとすれば、なぜ阿曇氏と豊玉姫の関係を『日本書紀』が無視してしまったのか、ここからして、大問題なのだ。『日本書紀』は、阿曇氏と天皇にかかわる重大な秘密を握っている。

阿曇氏発祥の地は筑前国糟屋郡《ちくぜんのくにかすや》阿曇郷《あずみのさと》（福岡市東部）で、すでに触れたように、倭《わ》の奴国の領域だ。弥生《やよい》時代から続く一族と考えられ、志賀島《しかのしま》の志賀海《しかうみ》神社を祀ってきた。志賀海神社の祭神は綿津見《わたつみ》三神（底津《そこつ》綿津見神《わたつみのかみ》、中津《なかつ》綿津見神《わたつみのかみ》、表津《うわつ》綿津見神《わたつみのかみ》）で、阿曇氏は日本中の海人（海部《あまべ》）を統率する伴造《とものみやつこ》で、膳《かしわで》氏（阿倍《あべ》氏同族）とともに、天皇の食膳にかかわっていた。

一般に、倭の海人と言っても、中国や朝鮮半島からやってきたのではないかと考えられている。しかし、たとえば『日本書紀』履中《りちゅう》元年夏四月条に、阿曇氏のとある人物に罰を与え、顔に入れ墨をしたとある。それを「阿曇目《あずみめ》」と呼んだというのだが、もともと海人の阿曇氏は、黥面《げいめん》の伝統を継承していたのではないかと考えられている。「魏志《ぎし》倭人伝《わじんでん》」にも、倭人が体に入れ墨を彫り、大きな魚から身を守っていると記されている。この伝統は、縄文時代から続いていたもので、土器などに記された当時の人々の黥面の文様の移り変わりが研究され、縄文時代から古墳時代に至るまで、海人の入れ墨の文化が継承されていることが分かった。

奴国と伊都国の暗闘

そこで改めて、「奴国」とお隣の「伊都国」について考えておこう。弥生時代中期後半から後期にかけて、二つの国は手を携えて、繁栄を誇っていたようだ。壱岐や対馬には、二つの国から持ち込まれた土器や青銅器がみつかっている。奴国は広い耕地と人口を抱えていたが、伊都国の方が交易に有利だった。朝鮮半島からやってきた船は伊都国経由で奴国にたどり着く。

まず伊都国に豪奢な副葬品を備えた王墓が出現し（三雲南小路《みくもみなみしょうじ》遺跡）、そのあと、奴国にも贅をこらした王墓（須玖《すぐ》岡本《おかもと》遺跡）が出現した。また、弥生時代後期の倭国王は、「奴国王→伊都国王→邪馬台国王」と、入れ替わったとする説もある（相見英咲『倭国の謎』講談社選書メチエ）。可能性は高い。要は、ドングリの背比べである。

ところが、三世紀になってヤマトの東南部（纏向遺跡）に人びとが集まりはじめると、まず奴国に外来系の土器が流れ込んだ。福岡市西新町《にしじんまち》遺跡の土器は、在来系が六三％、ヤマト系二五％、出雲系九％、吉備系一％、伽耶系二％で、外来系が三七％を占めている。伊都国にあまり変化はなかったが、纏向に箸墓（箸中山《はしなかやま》古墳。卑弥呼の墓ではないかと疑われている。造営年代は、もっとも古く見積もって三世紀半ば。四世紀の可能性もある）が造営されたころに、伊都国に畿内系の集落が出現し、前方後円墳《ぜんぽうこうえんふん》の密集地帯に変貌していく。ヤマトに呑み込まれたようだ。

ところで「魏志倭人伝」には、朝鮮半島最南端から対馬《つしま》、壱岐《いき》を経由して九州島の末《まつ》盧《ら》国（佐賀県唐津《からつ》市周辺）にたどり着くこと、東南五百里に伊都国があると記される。千余戸（家）で、代々王が立ち、女王国（邪馬台国）に統属され、帯方郡《たいほうぐん》（朝鮮半島中西部に置かれた古代中国の拠点）の使者が往来する時、いつもここに留まるという。女王国の北に一大率《いちだいそつ》が置かれ、諸国を検察させたが、つねに伊都国に駐在したとある。これに対し、すぐ東隣の奴国には、「二万余戸」とあるだけで、あまりに素っ気ない。ほぼ、無視に近い。ここに、大きな問題が隠されていると思う。

先述の相見英咲は、興味深い指摘をしている。「魏志倭人伝」には、「奴」のつく「～国」が九つある。弥奴《みな》国、狗奴《くな》国などで、これらは「阿曇氏族が開いた国」で奴国と手を組んだ海人のネットワークなのではないかと指摘している。朝鮮半島最南端の任那《みまな》の「ミマナ」の「ナ」も、倭の海人が設けた拠点（倭人居住地）ではないかと推理した。卓見だと思う。「～奴国」は「魏志倭人伝」に登場する主な国々の中の三分の一を占めている。

もうひとつ、興味深い指摘がある。それは、弥生時代後期に北部九州沿岸部で覇を競った伊都国と奴国だが、北部九州の内陸部（筑後《ちくご》平野）が次第に力をつけ、沿岸部を圧迫しはじめ、内陸部の邪馬台国が主導権を握りつつあったというのだ。そのとおりかもしれない。ただ、邪馬台国も朝鮮半島との交易は維持したいから、伊都国と手を結び（倭国連合と呼んでおく。「魏志倭人伝」の示した倭国）、奴国を締め付けはじめたのだろう。北部九州で窮地に立たされた奴国は、やむなくヤマトに救援を求めたのではなかったか。

奴国にヤマト勢力が大挙して押し寄せてしまって、倭国連合は逆にピンチに立たされた。そこで邪馬台国の卑弥呼は、魏に朝貢して、「われわれがヤマト」と、偽ったのだろう。親魏倭王の称号を獲得することに成功したが、「東から本物のヤマトが攻めてきた」とは報告できないから、「南の狗奴国と交戦中」と報告したのだろう。

ここまで分かってくると、神武天皇の母と祖母が奴国の阿曇系だった意味が、ようやく見えてくる。神話も神武東征も、絵空事と信じられてきたが、天皇家の祖はヤマトから北部九州に乗り込んだが、ここで奴国の阿曇氏の女性と結ばれ、子を産んだということだろう。しかも皇祖神と海神の娘が海幸山幸神話の中で結ばれる時、舞台は日向《ひむか》だったところが大きな意味をもっていたと思う。

北部九州を制圧したヤマト政権だったが、日本海勢力と瀬戸内海勢力の主導権争いが勃発し、今度は、瀬戸内海勢力が伊都国と手を結び、奴国の「神功皇后たち」を追い詰めてしまったのだろう。そして神功《じんぐう》皇后や奴国の貴種たちは、海人のネットワークを頼って海に飛び出し、南部九州の笠狭碕《かささのみさき》（鹿児島県南さつま市笠狭《かささ》町の野間岬）に逃げたにちがいない。そしてこれが、天孫降臨神話となり、のちに神日本磐余彦尊（神武）は、日向からヤマトに向かったのだろう。

7　なぜニギハヤヒは身内を殺して神武を招き入れた？

三つに分解されたヤマト建国説話

『日本書紀』に描かれた天孫降臨神話や神武東征が、考古学の最新情報によって、事実だった可能性がでてきた。かつて、九州から東に文物と権力は流れたと信じられていたが、ヤマト建国時、人は想像とは逆に東から西に流れていたことが分かり、しかも、北部九州沿岸部にヤマトや山陰の人びとが流れ込んでいたことが分かって、ヤマト建国の詳細が、再現できるようになった。そして、『日本書紀』に描かれた「はじめてヤマトから九州に向かった人物群」は、仲哀《ちゆうあい》天皇と神功皇后だったこと、『日本書紀』が神功皇后の時代に「魏志倭人伝」の邪馬台国の記事を引用していて、「神功皇后は邪馬台国の女王だったかもしれない」とほのめかしていた事実は、無視できない。

『日本書紀』は神功皇后が山門県《やまとのあがた》の女首長を倒し、新羅《しらぎ》征討を済ますと、ヤマトに向かい、仲哀天皇の遺児たちと闘い打ち負かしたと言っているが、実際には奴国の貴種たちとともに、一度南部九州に落ち延び、ここで長く逼塞《ひつそく》したのだろう。これが天孫降臨神話の真実と思われる。その間、神功皇后の子や孫と阿曇氏の娘たちが結ばれたのだろう。

ここで、話はややこしくなる。初代神武天皇、第十代崇神《すじん》天皇、第十五代応神《おうじん》天皇は、同時代人で、その話を『日本書紀』は三つに分解してしまったと筆者は推理する。『日本書紀』編者にはカラクリをつくる動機はいくつもあったと思う。最大の理由は、すでに述べたように、蘇我氏の祖がヤマト建国で大活躍し、しかも王家の祖の血族だったからで、これを抹殺する必要があったからだろう。

ならば、三つに分解されてしまった話を、どうやって元に戻せばよいのだろう。そこで、初代神武から、順番に『日本書紀』の記事を追ってみよう。

神武天皇が四十五歳の時（神武紀元前七年）、みなに向かって言った。

「遠く遥かな地では、われらの徳もおよばず、村々に長がいて境を分かち、互いに争っている。また、塩土老翁《しおつちのおじ》に聞いたところによると、東の方角に美しい土地があると言う。四方を山に囲まれ、すでに天磐船《あまのいわふね》に乗って飛び降りた者がいる。私が思うに、大業《あまつひつぎ》を広めるに適したところだろう。国の中心にふさわしいにちがいない。その地に舞い下りた者は、ニギハヤヒのことであろう。私がかの地に赴いて、都を造ろうではないか」

こう言って、神武は東征に向かう。ちなみに、ここに登場する塩土老翁こそ、住吉大神《すみよしのおおかみ》のことと考えられている。神功皇后と夫婦の秘め事をしたあの神様が、神武にアドバイスをしたわけだ。さらに余談ながら、神話の山幸彦を海神の宮に誘ったのも、塩土老翁だった。塩土老翁は読んで字のごとく「翁（老人）」だが、武内宿禰《たけのうちのすくね》も三百歳の長寿を保ち、また北部九州の至る場所で、生まれたばかりの応神を抱く老翁の姿で描かれている。武内宿禰が翁なのは、この人物が住吉大神だからだろう。

さて、瀬戸内海を東に向かった神武は、神武紀元前三年の春、難波碕《なにわのみさき》（大阪市中央区）に上陸し、さらに河内国の草香邑《くさかのむら》（東大阪市日下《くさか》町）に至り、龍田《たつた》（奈良県北葛城《きたかつらぎ》郡王寺町）に向かおうとしたが、道が狭く危険なので（敵に襲われる）、生駒《いこま》山を越えることにした。すると、ヤマトのナガスネビコ（長髄彦《ながすねびこ》）なる者が噂を聞きつけ、

「わが国を奪おうとしているのだろう」

と警戒し、兵を挙げた。このため神武の長兄・五瀬命《いつせのみこと》が戦死した。

「私は日神の子なのだから、日に向かって（東向に）敵を討つのは天の道に反していた」

と、退却し、紀伊半島を迂回して、ヤマト入りを目指した。紆余曲折を経て、ヤマト

の盆地に乗り込んだが、敵の勢いは凄まじく、とても叶わないと思った。すると神武の夢に天神が現れ、天香山《あまのかぐやま》（天香具山《あまのかぐやま》）の土を取って天平瓮《あまのひらか》（平らな土器）と厳瓮《いつへ》（甕《かめ》）を造って天神地祇《てんじんちぎ》を祀り「厳呪詛《いつのかしり》（呪い）」をかければ、敵は自ずと平伏するというので、そのとおりにして、敵を打ち破った。最後に残ったナガスネビコは、神武に使者を遣わした。

「昔天神の御子がいらっしゃいました。天磐船に乗って天より降りてまいりました。名付けて櫛玉饒速日命《くしたまにぎはやひのみこと》（物部《もののべ》氏の祖）と申します。わが妹の御炊屋姫《みかしきやひめ》を娶り、子ができました。可美真手命《うましまでのみこと》（宇摩志麻遅命《うましまぢのみこと》）と申します。そこで私は、ニギハヤヒを君として仕えてきたのです」

といい、神武が天神の子であることを疑い、改心しなかった。ニギハヤヒは天神が天孫（神武）を心配していることを知っていた。また、ナガスネビコは性格がねじれ、人の言うことを聞かず、天神と人とではまったく違うことを理解できないだろうと、ニギハヤヒはナガスネビコを殺し、帰順してきた……。これが、神武東征の物語だ。

考古学的に証明できない神武東征は嘘なのか

神武東征説話は、邪馬台国東遷論とセットで語られてきた。弥生時代後期の北部九州は富み栄えていたから、その中心に立っていた邪馬台国が東に移ってヤマトへ建国されたと信じられていたのだ。しかし、考古学は「東から西に人は動いていた」と指摘し、しかもヤマト建国のシンボルとなった箸墓《はしはか》（箸中山《はしなかやま》古墳。纏向《まきむく》遺跡の中にある）の造営が、三世紀半ばの可能性が高まってきて、「卑弥呼の墓ではないか」と推理されている。「邪馬台国はヤマトで決まった」と、豪語する考古学者も出現した。ただし、箸墓の造営年代は、もっとも古く見積もって三世紀半ばなのであって、四世紀の可能性も残されている（遺跡の絶対年代を知る決め手となった炭素14年代法に誤差があるからだ）。

問題は、考古学的には証明できない神武東征を、無視するべきかどうかにかかっている。しかし一方で、ヤマト建国だけに絞れば、考古学の指摘と似ているところもある。それは、ヤマトに方々から人が集まっていたことを、『日本書紀』は認めているからだ。ナガスネビコが最初で、次にニギハヤヒが、そして最後に神武がヤマトに集まった。さらにこののち、出雲の神もヤマトにやってくる。これは、「纏向遺跡に多くの人々が集まってきた」「方々の埋葬文化を寄せ集めて前方後円墳が生まれた」という物証の指摘と合致する。そして、ニギハヤヒは、吉備《きび》からやってきた可能性が高い。ニギハヤヒの末裔・物部氏は、大阪府八尾《やお》市付近に拠点を構えていたが、一帯から三世紀の吉備系の土器がみつかっている。

纏向の発見から、吉備の重要性が明らかになった。前方後円墳の原型は吉備で造られていたこと、墳丘墓《ふんきゅうぼ》上に並べる吉備の特殊器台・壺が、そのままヤマトの古墳でも採用されていることだ。吉備から流入した土器は少ないが、祭祀に用いる特殊で重要な土器だったのだ。だから、物部氏は古墳時代を通じて、もっとも活躍した豪族に育ったし、最大の地主になった。ヤマト建国の主導権を握ったのも、吉備だった。物部系の『先代旧事本紀《せんだいくじほんぎ》』には、ヤマト政権の祭祀の基礎を築いたのは物部氏だったと記録されているが、大袈裟ではないと思う。その点、『日本書紀』のニギハヤヒをめぐる説話は、無視できない。

これを神功皇后説話に重ねてみると、次のようになる。物部氏は瀬戸内海（吉備）勢力で、日本海勢力（タニハ＋出雲＋近江）と一度は手を組んだが、日本海勢力の神功皇后が北部九州で邪馬台国を破ったあと、二つの勢力圏の間に疑心暗鬼が生まれ、主導権争いに突き進んでしまったのだろう。そして、神功皇后と奴国の貴種は南部九州に逼塞した……。

そこで問題となってくるのは、神武天皇が南部九州からヤマトに乗り込んだこと、ニギハヤヒが、義兄のナガスネビコを殺してしまったことだ。なぜニギハヤヒは軍事的には負けていないのに神武を迎えいれ、ナガスネビコを殺す必要があったのか、この謎を解かねばならない。

8　崇神天皇と欠史八代の謎

祟る出雲神・大物主神

第十代崇神《すじん》天皇が実在の初代王と目される理由のひとつに、神武も崇神も「ハツクニシラス天皇（はじめて国を治めた天皇）」と、称えられていることがある。さらに、『日本書紀』の神武天皇即位後から晩年に至るまでの治政が欠落しているが、崇神天皇の場合、最初の数年が欠落していて、ふたりの記事を重ねれば、初代王の歴史になると考えられた。そして、第二代から九代までの天皇たちを、架空と考え、「欠史八代《けっしはちだい》」と呼ぶようになった。この間の天皇の治政を、『日本書紀』はほぼ記録していない。系譜と宮を掲げる程度だ。八代の天皇を無視すれば、初代と十代の記事はくっつく。だからこそ、初代と第十代は、初代王と目されたわけだ。

崇神天皇の時代、興味深い事件が起きている。崇神五年、国内に疫病が流行り、人口が半減するほどの惨事に見舞われた。翌六年、百姓《おおみたから》は土地を離れ流浪し、背く者も現れた。天皇の徳をもってしても治めがたかった。天皇は政務に励み、天神地祇に罪を謝り、許しを請うたという。崇神七年春二月、崇神天皇は神浅茅原《かむあさじはら》（桜井市茅原《ちはら》）にお出ましになり、八十万《やそよろず》の神々を集め、占ってみた。すると神が倭迹迹日百襲姫命《やまとととびももそひめのみこと》（第七代孝霊《こうれい》天皇の皇女《ひめみこ》）に憑依《ひょうい》し、次のように述べた。

「天皇よ、なぜ国の治まらないことを憂えるのだ。もしよく我を敬い祀れば、必ず平穏が訪れるであろう」

そこで天皇が名を問うと、

「我はこれ、倭国《やまとのくに》（この「倭」は大和国）の中にいる神で、名を大物主神という」

と述べた。そこで、そのとおり、この神を祀ってみた。だが、何も変化はなかった。

そこで天皇は、沐浴し斎戒して身を清め、殿内を清浄にして祈った。

「私は神を充分敬っていないのだろうか。なぜ、祈りを受け入れてもらえないのだろう。願わくは、夢の中でお教えいただき、神恩を与えていただきたい」

と述べられた。するとその夜、夢の中にひとりの貴人が現れ、自ら大物主神であることを名乗り、次のように語った。

「そう憂えなさいますな。国の治まらないのは、私の意思なのだ。もしわが子・大田田根子をして私を祀らせれば、たちどころに平穏は戻り、海の外の国は自ずから帰服してくるだろう」

この年の秋、同じ夢を見た者が現れ、崇神天皇は天下に布告して、大田田根子を探させた。すると、茅渟県の陶邑（大阪府堺市）で見つかり、大物主神を祀らせると疫病の流行は終息し、国中が静かになった。五穀は実り、豊饒がもたらされたのである。

この話も、歴史とみなされていない。「祟り」は、非科学的だからだろう。しかし、疫病が流行して、それを古代人が祟りと信じたこと自体を否定する必要はない。

不可解なのは、なぜ大物主神がここで祟る神として恐れられたのか、であろう。大物主神は出雲の神で、纏向のお膝元の三輪山で祀られている。ヤマト政権が長い間「本気で祀っていた神」である。なぜ、大物主神が祟ると信じられたのだろう。ヤマト政権は、大物主神に、何かやましい気持があったのだろう。大物主神は出雲＝日本海の神であるところに、大きな意味が隠されていたのではあるまいか。

欠史八代の天皇の存在意義

ここで、欠史八代の天皇の存在意義を考えておきたい。初代王を二つの時代に分解し、その間隔をあけて「天皇家の歴史を古く見せかけるための存在」程度に考えられているが、もうひとつ理由があったと思う。ヤマトを代表する古代豪族の多くが、欠史八代の時代に歴史に登場し、しかも、王家の血を引く者も現れている。この系譜、本当は「纏向遺跡に集まってきた人びと」なのではなかろうか。つまり『日本書紀』は、纏向で何が起きていたのかを抹殺するために、欠史八代を用意した可能性が高い。

ヤマト政権は建国時から律令制度に至ったのちも「畿内豪族」が実権を握り、合議によって政局を運営していたと考えられている。その「畿内豪族」とは、要は外から纏向遺跡に集まってきた首長たちが、ヤマトと周辺（畿内）に地盤を築き、「ヤマト政権を運営する中枢」として、実権を握り続けた。彼らを、欠史八代の間に、歴史に組みこんだのではなかったか。たとえば、多臣《おおのおみ》、和珥《わに》臣、吉備《きびの》臣、阿倍《あべの》臣、膳《かしわで》臣、阿閉《あべ》臣、筑《つく》紫《しの》国造、伊賀《いがの》臣、武内宿禰《たけのうちのすくね》（蘇我《そがの》臣）らは、神武天皇から九代天皇までの系譜の中から出現している。神話から続く大伴連《おおともむらじ》、中臣《なかとみの》連を入れれば、主だった豪族が、すでに欠史八代の間にヤマトに出現していたことが分かる。そして問題は、第十代崇神天皇が「物部系の女性から産まれた」と記されていることだ。これは、崇神天皇が物部氏そのものだったことを暗示している。すなわち、崇神天皇はニギハヤヒであり、この人物が祟り神におびえ、大田田根子を探し出したという説話、実際には、南部九州に逼塞してヤマトを恨んでいた恐ろしい王子を、ヤマトに連れてきて、祭司王に立てたのが、本当のところではあるまいか。そう考える根拠は、三輪山にある。

大物主神を祀る大神《おおみわ》神社は神殿がなく、背後の三輪山が御神体だ。その三輪山山頂には磐座《いわくら》群があって高宮《こうのみや》神社が鎮座する。祭神は大物主神ではなく、日向御子《ひむかのみこ》という聞き慣れない神だ。史学者の多くは、「日に向かう神＝太陽信仰」とみなす。三輪山が古い太陽信仰の場でもあったからだ。しかし、「御子」が引っかかる。単純な太陽信仰なら「日向神」でよかったのに、なぜ「日向御子」なのだろう。御子は「童子《どうじ》」で、日本人は童子を鬼のように恐ろしいパワーをもつ者と信じていた。祭りで「お稚児《ちご》さん」が大切な役割を果たすのは、邪気を払う力をもつと考えたからだ。生まれたばかりでタケノコのように成長する童子は、人一倍の（鬼と同等かそれ以上の）生命力を持つ暴れ者と信じられていたのだ。逆に、長寿を全うした老人＝老翁は、穏やかな恵みをもたらす神のイメージで語られてきた。

鬼退治に童子が活躍するのは、まさにこの「童子の恐ろしいパワー」という発想があったからで、童子は祟る鬼ともみなされていたのだ。だから、「稚宮《わかみや》」「若宮《わかみや》」に祀られる童子も、たいがいの場合、祟る恐ろしい存在とみなされた。鬼を退治できるほどの力をもっているから、恐れられ、封印され、いざという時に鬼退治に活躍していただく。大神神社の摂社《せっしゃ》に、「若宮社」があって、ここでは大物主神の子の大田田根子を祀る。

崇神天皇が探し求めてきた、あの大田田根子は、「若宮＝童子を祀る神社」に鎮座していたのだ。これは理に叶っていて、疫病を振りまく祟る日本海の大物主神を鎮めたのが大田田根子であり、鬼退治をするからには、童子でなくてはならない。

とすると、日向御子も日向童子で、「日向からやってきた童子」をさしているのではあるまいか。もちろん、それは神武天皇であり、大物主神の子としての名は、大田田根子である。大田田根子の母を『古事記』は活玉依毘売《いくたまよりびめ》といい、神武天皇の母は玉依毘売命《たまよりびめのみこと》といっている。母の名がそっくりなのは、偶然ではあるまい。

そこで改めて、物語を整理すると、崇神天皇（吉備＝瀬戸内海のニギハヤヒ）は、疫病の大流行を日本海勢力の祟り（恨みつらみ）と信じ、日本海を代表する大物主神を祀ることにしたが、最適な人物は誰かと思い悩み、「そうだ、日向に逼塞している日本海連合の御子（神功皇后の末裔）を招き入れよう」と考えたのだろう。そして、神武（大田田根子）はヤマトの祭司王に据えられた。ただしこの時、ヤマトの中で意見が統一できず、ナガスネビコが抵抗し、殺されてしまったのだろう。

それにしても、なぜ崇神天皇（ニギハヤヒ）は、王位を簡単に譲ってしまったのか。ここに、物部氏の深慮遠謀が隠されていたと思う。物部氏はお飾りの王を担ぎ上げ、実権を手放さなかったのだ。

9 前方後円墳を喜んで造っていたのは本当か

巨大な前方後円墳は天皇権力の象徴なのか

ヤマト建国後の王には、強い権力が与えられたと長い間信じられていた。その原因のひとつは、巨大な前方後円墳を造営していたからだろう。しかも、前方後円墳は、三世紀から七世紀初頭まで造られ続けたから、ヤマトの王の権力を信じてしまったわけである。

三世紀に成立した前方後円墳は、ヒエラルキーを形成した。まず、ヤマトの大王がもっとも大きな前方後円墳を造営する。各地の首長が、大王と同じ形の前方後円墳を造るとしても、規模は縮小して造られた。また、前方後円墳を造らせてもらえず、前方後方墳や方墳、円墳を造る首長たちも存在した。前方後円墳を造ることは、特権でもあったのだ。だから、前方後円墳はヤマトの王家の権力の象徴と考えられていた。

しかし、これは大きな誤解だ。そもそも前方後円墳の造営を民がいやいややらされていたのなら、約四百年もの間、前方後円墳体制が続いたとはとても思えない。前方後円墳造営はお祭りであり、地域ごとの見栄の張り合いであるとともに、治水、地域開発の意味合いも兼ねていたのではなかろうか。

『日本書紀』崇神十年九月条に、箸墓造営にまつわる記事が載っている。御諸山《みもろ》（奈良県桜井市の三輪山）に祀られる大物主神の妻となった倭迹迹日百襲姫命《やまとととびももそひめのみこと》の物語だ。

大物主神はいつも夜に倭迹迹日百襲姫命の元にやってきた。だから倭迹迹日百襲姫命は、顔を見てみたいと、昼間にやってきてほしいと懇願する。すると大物主神は、明朝、櫛笥《くしげ》（櫛を入れる箱）に入っていると告げる。言われたとおり箱を開けてみると、美しい小蛇《こおろち》が入っていた。倭迹迹日百襲姫命は驚き、叫んでしまった。大物主神は恥じて、大空を踏みとどろかせ、御諸山に帰っていった。倭迹迹日百襲姫命は悔いて尻餅をついた。その時、箸でホト（女陰）を突いて亡くなってしまった。こうして倭迹迹日百襲姫命のために墓が造られた。昼は人が、夜は神が造った。大坂山《おおさかの》（奈良県香芝市《かしば》穴虫《あなむし》。二上山の北側）の石を運んだ。山から墓に民が並んで手渡しした。時の人は、歌を詠んだ。

大坂に　継ぎ登れる　石群《いしむら》を　手逓伝《たごし》に越さば　越しかてむかも

今風に訳すと、つぎのようになる。

「大坂から石を運ぶなど、できないと思っているだろ。いやいや、人が並んで運べば、不可能も可能になるのさ」

人と神がいっしょになって墓を造り、嬉々として働いている。だから、これは祭りなのだ。諏訪《すわ》大社（長野県諏訪市、茅野《ちの》市）の御柱祭も、山から里に大木を運んでくる作業は、労働として考えれば搾取だが、死人が出てもみな、喜んで祭りに参加している。人間の、おかしな習性なのだ。

ヤマトの纏向で誕生した前方後円墳は、首長霊や首長一族の祖霊を新たな首長に引き継ぐ儀礼を行なう場だったとする考えが、定説となっている（近藤義郎『前方後円墳の時代』岩波文庫）。しかも、ヤマトの王の祖霊を頂点にして、各地の首長は前方後円墳を造り、同じように儀礼を行なうことで、擬制的にヤマトの王家と同祖同族関係を構築していたという。さらに、首長は、死んで、霊になっても民を守るために働かされたという。だからこそ、多くの人びとが前方後円墳造営に参加したわけだ。

『日本書紀』の役割

日本最大の古墳は大山古墳《だいせん》（大阪府堺市。墳丘長四八六メートル）だ。第十六代仁徳《にんとく》天皇が埋葬されていると宮内庁は治定している。『日本書紀』や『古事記』は、仁徳天皇の心温まるエピソードを載せている。

高い山に登ってあたりを見渡した仁徳天皇は、国中の家から炊事の煙が立っていないことに気づき、貧窮ぶりを知った。そこで三年間、民の課役（租税と夫役）を免除し、自らは宮が朽ち果てようが修理をしなかった。しばらくして国を見渡すと、煙で満ちていた。その様子を見て天皇は皇后に、

「私は豊かになった。もう憂えることはない」と語った。宮がボロボロなのに、どういう意味だろうと訝しんだ皇后は、

「なぜ富んだとおっしゃるのですか」

と尋ねると、

「天が君（天皇）を立てるのは百姓《おおみたから》（民）のためだ。だから何ごとも、百姓を一番に考えるのだ。いにしえの聖皇《ひじりのきみ》は、ひとりでも飢え、凍えている人がいれば、自分を責めたものだ。百姓が貧しい時は、朕《われ》も貧しい。百姓が富む時は、朕も富む。いまだかつて百姓が富んで君が貧しいということはなかったのだ」

こうして課税を再開した。民は栄え、夫役も苦にならず、みな天皇を讃えて「聖《ひじりの》帝《みかど》」と呼んだ。

日本最大の古墳は、聖帝と讃えられた天皇だから、造ることができたのだろうか。もちろん、これは政権側のプロパガンダだから、そう簡単には信じられないだろう。しかし、前方後円墳と治水事業も、深くつながり、大阪（河内《かわち》）の発展も、前方後円墳の造営がきっかけになっていた可能性が高い（森浩一『巨大古墳の世紀』岩波新書）。纒向遺跡で、すでに導水施設がみつかっているが、河内の古墳の複数の周濠《しゅうごう》をつなぐ水の道も存在する。

古代の大阪は、上町台地が半島状に南北に延び、両側に海が迫っていた。生駒山のすぐ西側まで、海岸線は迫っていた。また、上町台地（半島）は、堆積物でどんどん北側の陸地（対岸）に向かって延び、河口は狭くなる一方だった。だから大雨が降ると、周辺の陸地に水が溢れた。そこで五世紀に、半島の付け根あたりに巨大な前方後円墳が次々に造られ、さらに、難波の堀江（大阪市中央区）が造られたのだ。仁徳天皇の時代は、土木工事が盛んだったことは、『日本書紀』も『古事記』も認めている。

たとえば仁徳十一年夏四月条に、仁徳天皇の次の発言が記録されている。

「今、この国をみれば、野や沢が広く田や畑は少なく乏しい。また、河川は蛇行し、流れは滞っている。少しでも長雨が降れば、海水は逆流し、里は船に乗ったように浮かび上がり、道はドロドロになる。だから群臣たちも、この状態を見て、水路を掘って水の流れを造り、逆流を防ぎ田や家を守れ」

やはり、巨大古墳は、独裁者のわがままではなかったようだ。四世紀の王たちは、治水王だったのだろう。

10　天皇と伊勢神宮のカラクリ

ヤマトのマツリゴトの構図

話を少し戻す。崇神天皇は日本海の神（大物主神）の祟りを恐れて、神の子をヤマトに連れてきて祭司王に立てたと推理したが、祟りで玉座を譲るなどということは、にわかには信じられないかもしれない。しかし、ヤマトの王に立つよりも、崇神天皇（ニギハヤヒ）は、実権を握ることに賭けたのではなかったか。

ヤマトの王家のカラクリは、遣隋使《けんずいし》が文帝に報告している（『隋書《ずいしょ》』倭国伝《わこくでん》）。

「倭王は天を以《もっ》て兄となし、日を以て弟となす。天未《いま》だ明けざる時、出《い》でて政《まつりごと》を聴き跏趺《かふ》して坐す。日出ずれば便《すなわ》ち理務を停《とど》め、我が弟に委《ゆだ》ねんと云う」

これを聞いて文帝は呆《あき》れ、「これ大いに義理なし」と言い、改めさせたとある。

ここにある兄弟は、男女のペアと考えられている。男王と、姉妹の巫女《みこ》がセットになっている。巫女は神に仕え、神を祀り（観念上の夫婦）、神からパワーをもらい受け、それを王（天皇）に放射する（妹《いも》の力）。さらに、神から得た託宣を王に伝え、マツリゴトに繁栄させる……。これが、王のマツリゴトの仕組みだ。これを隋の文帝は、「なんと時代遅れな」と呆れたのだ。

しかし、このマツリゴトの構図には、大きな秘密が隠されている。それは、「神の託宣が神の意志とは限らない」ことで、巫女と王の母の実家の「方針」なのであり、実権を握っていたのは王ではなく、王の母の実家だったことが分かる。多くの豪族が天皇家の外戚の地位にこだわったのは、このシステムがあったからだ。ヤマトの王が祭司王で、実権をともなわなかったのは、「マツリゴトのシステム」に組みこまれたからだ。ニギハヤヒが躊躇することなく玉座を神武に譲った理由もここにある。以後、畿内豪族層が、王家に女性を送り込み、実権を得ようと躍起になったのだ。

ただし、ここでひとつの疑念にぶつかる。それは、王の姉妹（あるいは叔母、姪）が祀っていた神は、男性で、だから彼女たちが神と観念上の結婚をしたわけで、そうなると、アマテラス（太陽神・天照大神《あまてらすおおみかみ》）の存在が、気になってくる。すでに触れた、アマテラスの性別問題だ。

　大物主神の祟り騒動の直前の崇神朝の出来事の話をしておかなければならない。

　崇神天皇はアマテラス（天照大神）と倭大国魂神《やまとのおおくにたまのかみ》（ヤマトの土地の神）の二柱を並べて天皇の大殿の内に祀っていた。ところが天皇は、二柱の神の勢いを恐れ、ともに暮らしていられなくなった。そこで、アマテラスを豊鍬入姫命《とよすきいりひめのみこと》に託し、倭の笠縫邑《かさぬいのむら》（奈良県磯城《しき》郡田原本町秦庄《はたしょう》、あるいは桜井市三輪の檜原《ひばら》神社か）に祀り、神籬《ひもろぎ》（神の宿る森）を建てた。また、日本大国魂神《やまとのおおくにたまのかみ》（倭大国魂《やまとのおおくにたま》）を渟名城入姫命《ぬなきいりひめのみこと》に託し、祀らせた。しかし、渟名城入姫命の髪は抜け落ち、やせ細り、祀ることができなかった。じつは、大物主神の祟りは、この直後に起きている。二つの事件、本当は同一だったのではあるまいか。

　くどいようだが、アマテラスは天皇家の祖神で、『日本書紀』が褒めそやし、重視する神だ。アマテラスは国母《こくも》でもあり、天皇の歴史はアマテラスから始まる。末裔の天皇家を守るべき神が、なぜ恐ろしい神になってしまったのだろう。

　ここで思い出されるのが、謡曲「三輪」の不思議な一節だ。「伊勢と三輪」が一体分身だという。これは伊勢の神が三輪と同じように男神だと言っているだけではなく、伊勢と三輪は同じ神だと言っている。アマテラスと大物主神が、同体だと言っている。これまでの常識を当てはめると信じがたいが、無視してよいのだろうか。ここで一度話は、七世紀後半に飛ぶ。

　伊勢神宮が今日のような形に整えられたのは、天武・持統朝で、ここにまず大きな秘密が隠されている。

まず、通説は、律令制度（明文法による統治システム）が整備されていく段階で、伊勢神宮が整えられ、内廷の天皇の私的な神（伊勢大神《いせのおおみかみ》）から、国家の神（天照大神）へ変身したと考える（田村圓澄『伊勢神宮の成立』吉川弘文館）。たしかにそのとおりなのだが、それだけでは説明不可能なのだ。

持統六年（六九二）、持統天皇は伊勢行幸《ぎょうこう》を行なう。反対する者が現れたが、強行した。中納言・大神高市麻呂《おおみわのたけちまろ》が、職を賭して阻止しようとしたのだ。「大神氏」は、大田田根子の末裔で、三輪の神を祀り続けてきた。その大神氏が、なぜ持統天皇の伊勢行きに抗議したのだろう。ここに、「三輪と伊勢、一体分身」の秘密が隠されていないだろうか。

崇神天皇の時代にアマテラスは霊威が強すぎるといって、宮から出された。その直後に大物主神の祟りが猛威を振るい、大騒ぎになった。大田田根子に祀らせ、平穏を取り戻したが、アマテラスは伊勢に追いやられている。このアマテラスの伊勢行きという事件は、崇神天皇の時代の出来事ではなく、実際には持統天皇の時代に起きていて、それは「女神・アマテラスではなく、男神の大物主神を伊勢に追いやった事件」ではなかったか。その証拠に、持統は日本を代表する四つの大神を定めたが、三輪の神を入れていない。ヤマト政権がもっとも大切にしてきた三輪の神は、なぜここで、無視されてしまったのだろう。三輪の神は伊勢の神となってしまい、だからこそ、のちの時代に「伊勢と三輪は一体分身」と囁かれるようになったにちがいない。

第三章　日本海と瀬戸内海の主導権争いを『日本書紀』は隠した？

11　タニハの女人が後宮を席巻していた時代がある？

狭穂彦王《さほひこ》と狭穂姫《さほひめ》の反乱

第十一代垂仁《すいにん》天皇は、ヤマト黎明期の王ということになる。この時代、不思議なことがいっぱい起きている。

垂仁天皇が皇后に立てたのは、狭穂姫で、『日本書紀』には、彼女の系譜が載っていないが、狭穂は地名の「佐保《さほ》（奈良市法華寺《ほっけじ》町、法蓮《ほうれん》町）」に由来する。現在の奈良市北部を佐保川が流れる。「春日」の地に近く、一帯は近江系やタニハ系の拠点だった。ヤマト建国の前後、奈良盆地に各地から人びとがやってきたが、みな、故郷に近い場所に、居場所を見つけている。東海勢力は、すでに述べたように、天理市から桜井市にかけてで、近江やタニハの人びとは、奈良市や南山城《みなみやましろ》（京都府南部）に流入している。だから、狭穂姫は、近江やタニハの縁者だろう。

『古事記』には、そのあたりの事情が記されている。狭穂姫は第九代開化《かいか》天皇の孫で日《ひ》子坐王《こいますのみこ》（彦坐王《ひこいますのみこ》）の子とある。日子坐王の母は和邇《わに》系で、要は近江系だ。崇神天皇の時代、日子坐王は「旦波国《たにはのくに》（丹波《たんば》）」に遣わされたとある。『日本書紀』は丹波道主命《たにはのみちぬしのみこと》だったと言い、割注に「彦坐王（日子坐王）の子」とある。『日本書紀』は、ヤマト建国黎明期に各地に使わされた人びとを「四道将軍《しどうしょうぐん》」と呼んでいるが、これは、纏向《まきむく》に四方から人が集まってきたことを逆に言っているだけだ。これも『日本書紀』の歴史すり替えの常套手段のひとつである。

つまり、狭穂姫の周辺には、近江、タニハの人脈がからみ、だからヤマトの佐保の名を負っていることが分かる。

第十一代垂仁天皇の時代に、狭穂姫と兄の狭穂彦が謀反を起こしている。

垂仁四年の秋九月、皇后狭穂姫の兄・狭穂彦王が謀反を企て、妹を誘い込もうとした。「兄と夫のどっちが大切なのだ」

と、狭穂彦王に強引に誘われたのだ。翌五年冬十月、狭穂姫は眠っている天皇の前で、迷い、涙が天皇の顔にしたたり、天皇は目を覚ました。「狭穂（佐保）の方角から雨が降ってくる夢をみた」と述べられ、狭穂姫が白状し、ことの経緯は発覚してしまった。

天皇は狭穂姫のせいではないと許すが、兵を挙げて狭穂彦王を討つことにした。

狭穂彦王は、稲を積んで城を造り（稲城《いなき》）、抵抗した。防禦《ぼうぎょ》が堅く、なかなか破ることができなかった。

狭穂姫はこの様子を見て、

「私は皇后であるけれども、このような形で兄を失っては、面目が立ちません」

そういって、皇子・誉津別命《ほむつわけのみこと》を抱いて、稲城に飛び込んでいってしまったのだ。

天皇は城の中に向かって説得するが、二人は出てこなかった。そこで火をかけると、狭穂姫が出てきて、

「この城に逃げ込んだのは、皇子と私がここにいれば、兄は許されると思ったからです。しかし、願いは叶わぬこと、私に罪があることを知りました。ですから、ここで死ぬだけです。けれども、帝の御恩は忘れません」

また、こんなことも言っている。

「願わくは、私が司っていた後宮のことは、よい女性にお任せになってください。丹波国に五人、婦人がおります。志はみな貞潔です。丹波道主王《たにはみちぬしのきみ》(開化天皇の孫彦坐王の子)の娘たちです。どうぞ後宮に召し入れて、後宮の欠員を、彼女たちで補ってほしいのです」

そういい残し、炎の中に帰っていった。城はくずれ、兵士たちは逃げまどい、狭穂彦王と狭穂姫は、滅亡した。

話はこれで終わらない。『日本書紀』に狭穂姫が亡くなったあとの垂仁天皇の后妃の記述が残り、垂仁十五年春二月十日条に「丹波の五人の女性を召し入れた」とあり、その中から日葉酢媛命《ひばすひめのみこと》が皇后に立てられたとある。さらに垂仁三十四年春三月条には、垂

仁天皇が山背《やましろ》（山城《やましろ》）に行幸し、評判の美女を娶《めと》ったとある。

山背も、タニハとは強く結ばれた土地だ。ヤマト建国直後のこの時期、なぜこれほどのタニハの女性を受け入れたのだろう。これは、実際にあったことなのだろうか。あるいは、『日本書紀』はこの記事を書くことで、何かを暗示しているとでも言うのだろうか。謀反を起こした狭穂彦と狭穂姫を後押ししていたのは、タニハや近江勢力だったとしたら、この話をどう考えればよいのだろう。ヤマト建国にタニハが大いに貢献し、だからこそ、多くのタニハの女人が黎明期のヤマトの王家に嫁いだということだろう。

ヤマト黎明期のタニハと出雲

もうひとつ無視できないのは、垂仁天皇と狭穂姫の間に生まれたホムツワケ（誉津別命）のことだ。誉津別命《ほむつわけのみこ》（誉津別皇子）は、三十歳になっても泣き止まず、言葉を発しなかった。ところが、鵠《くぐい》（白鳥）が空を飛んでいるのを観て、「あれはなんでしょう」と呟いた。喜んだ天皇は、白鳥を追わせた。すると、出雲で捕獲したのだった。こうして、御子は言葉を発するようになったという。

『古事記《こじき》』には、少し違う話が載る。高志国《こしのくに》（北陸）で白鳥は捕まえたが、御子は言葉を発しなかった。すると天皇の夢の中に神が現れ、「わが宮を天皇の宮と同じように整えたら、御子は言葉を発するだろう」と告げたので垂仁天皇は占ってみた。すると、出雲大神の御心ということが分かった。そこで出雲に、大神を祀る宮殿を建てたというのだ。このように、明らかに出雲神は祟っていたことがわかる。

垂仁天皇紀には、いくつもの「ヒント」になりそうな説話が目白押しだ。二十六年秋八月には、物部十千根大連《もののべのとおちねのおおむらじ》を出雲国に遣わし、神宝を検校《けんぎょう》させた。神宝を検校するのは、祭祀権を奪い、支配権を確立するためだ。ただし、似たような話は、崇神六十年七月条にもある。出雲臣《いずものおみ》（出雲国造家《いずもこくそうけ》）の祖神・武日照命《たけひなてりのみこと》は天から将来した神宝を出雲大社に納めたが、崇神天皇は物部同族の矢田部造《やたべのみやつこ》の遠祖・武諸隅《たけもろすみ》を遣《つか》わし、神宝を献上させた。この時、出雲臣の遠祖の出雲振根《いずものふるね》は九州に行って留守だったので、弟が神宝を抵抗もせず貢上してしまった。出雲に帰ってきて事の次第を知った出雲振根は腹を立て、弟をだまし討ちにしてしまう。崇神天皇は吉備津彦《きびつひこ》と武渟河別《たけぬなかわわけ》（大毘古命《おおひこのみこと》の子と『古事記』にある）を遣わし、出雲振根を殺した。出雲臣らは恐れ、大神（出雲大神、大己貴神《おおあなむちのかみ》）を祀らなかった。すると丹波の氷上《ひかみ》（兵庫県丹波《たんば》市氷上《ひかみ》町）の人、氷香戸辺《ひかとべ》（氷上の首長）の子が出雲の神にまつわる神託を得たので、皇太子の活目尊《いくめのみこと》（のちの垂仁天皇）に報告し、皇太子は崇神天皇に奏上した。そこで崇神天皇は、再び出雲臣に出雲神を祀らせることにした（神宝を返した）。

ヤマト建国直後の崇神天皇と垂仁天皇の時代に起きた日本海のタニハと出雲をめぐる神話じみた話を無視することはできない。

神功皇后は北部九州で、ヤマトの瀬戸内海勢力に裏切られ、敗れた。そして、日本海勢力は没落した。その後、出雲神（要は日本海の神）は祟り、崇神天皇は震え上がったのだ。そのヤマト建国後の数々の駆け引きを、これらの説話が示しているように思えてならないのである。

「ヤマト建国に果たしたタニハの役目の大きさ」「ヤマト建国直後の日本海と瀬戸内海の主導権争い」を考古学が示してくれた今、これまでほとんど注目されてこなかったタニハや日本海とヤマト政権のやりとりを、改めて見つめ直す必要があると思う。

12　なぜ南山城で反乱が続いたのか

なぜ古代政権は山背（京都）に都を造らなかったのか

もう一度、話を崇神《すじん》天皇の時代に戻す。

『日本書紀』崇神十年九月条に、次の記事がある。大彦命《おおびこのみこと》が北陸に遣わされたが、和珥坂《わにさか》（奈良県天理市《てんりし》）に至ると、ひとりの童女（少女）が歌っていた。

御間城入彦《みまきいりびこ》はや　己《おの》が命《を》を　弑《し》せむと　窃《ぬす》まく知らに　姫遊《ひめなそ》びすも

御間城入彦は崇神天皇をさす。「殺されるとも知らず、呑気に若い女性と遊んでいるよ」という意味だ。大彦命は怪しみ、真意を確かめると、「ただ歌っているだけ」という。大彦命は引き返して崇神天皇に報告した。天皇の姑の倭迹迹日百襲姫命《やまとのととびももそひめのみこと》は、この歌は不吉な前兆と見抜いた。武埴安彦命《たけはにやすびこのみこと》（第八代孝元《こうげん》天皇の皇子。崇神の叔父）が謀反を起こす兆しだというのだ。武埴安彦は山背から、妻の吾田媛《あたひめ》は大坂（大阪）から攻めてきた。吾田媛はすぐに成敗され、大彦命と和珥《わに》臣の遠祖・彦国葺《ひこくにふく》が、武埴安彦退治に向かった。和珥坂に忌瓮《いわいべ》（祭祀に用いる甕《かめ》）を祀り、兵を進め、那羅《なら》山（奈良坂付近）に軍を進め、輪《わ》韓河《からがわ》（木《き》津《づ》川）で対峙し、彦国葺は川を渡り、南山城の地で武埴安彦を成敗した。

なぜか、黎明期のヤマト政権は、盆地の北側や南山背の敵と戦っている。ここに、理由はあるのだろうか。

そこで、ヤマト建国の直前に、さらに時間を戻していく。タニハは出雲に対抗して、近江や東海とつながっていった。成長して富を蓄えた近江や東海は、奈良盆地の東側の「オオヤマト」に拠点を構えた。そして、西側からも、人びとが押し寄せて、ヤマトは建国された。ここで、ひとつの疑念が生まれる。なぜ、ヤマトが選ばれ、数百年にわたって、ここが都になっていったのか、である。というのも、水運という視点で考えれば、奈良盆地よりも、山背《やましろ》（特に乙訓《おとくに》〔弟国〕の周辺。のちの長岡京《ながおかきょう》のあたり）の方が、便利だったからだ。

まず、なぜ最初はヤマトだったのかと言えば、「西に対する東の思惑」がからんでいたからだろう。先に富を蓄えた西側に近江や東海が対抗するには、ヤマトの「西側からの攻撃に頗《すこぶ》る強い」という利点が必要だったのだろう。奈良盆地は、西側につきだした東の要塞だったのだ。

けれども、政権が安定した段階で、山背に都を遷す手もあったはずだ。日本海側から低い峠を越えて琵琶湖に出れば、川を下って一気に山背に出られた。山背から淀川を下れば、大阪湾、瀬戸内海にわけもなく行ける。さらに、古くは巨椋池《おぐら》という水上交通の巨大ジャンクションが存在していて、宇治川、淀川、木津川、賀茂川をつないでいた。巨椋池から木津川を溯れば、奈良盆地の北側に出られる。

山背は交通の要衝で、だからこそ、争乱の場にもなったのだが、ひとつ、欠点があった。それは、ヤマト政権の主導権を握っていたのが物部《もののべ》氏で、彼らが瀬戸内海の王者だったこと、山背の背後の高台（というよりも、重要な乙訓のお隣）が丹波国で、要するにタニハの一部だったことだ。日本海勢力の中心だったタニハが、京都の盆地のすぐ隣に盤踞《ばんきよ》していたのだ。瀬戸内海勢力（物部＝ヤマト政権）が山背に進出したくてもできなかったのは、タニハが恐ろしかったからではなかろうか。

タニハが山背に影響力を持っていたことは、『日本書紀』の記事からも判明してくる。鍵を握っているのは、神武東征を手助けしたヤタカラスだと思う。

神武天皇がヤマトを目指した時、一度生駒《いこま》山を背に闘うナガスネビコに追い払われた。やむなく紀伊半島を大きく迂回したが、神の毒気に当たり、みな倒れ、士気は低下した。そこでアマテラスは、高倉下《たかくらじ》（『先代旧事本紀《せんだいくじほんぎ》』に従えば、東海地方の雄族・尾張《おわり》氏の祖）を遣わし救った。復活した神武だったが、深い森に行く手を阻まれてしまった。すると、夢枕にアマテラスが立ち、ヤタカラス（頭八咫烏《やたのからす》）を遣わして道案内をさせると告げた。そのとおり、ヤタカラスは、神武のヤマト入りを手引きした。

ヤタカラスは賀茂氏の祖で賀茂建角身命《かもたけつのみのみこと》（鴨建津身命《かもたけつぬみのみこと》）と同一と考えられている。その理由を記しておこう。

『日本書紀』神武二年春二月条に、神武東征の論功行賞があって、その中にヤタカラスも入っている。末裔は葛野主殿《かどののとのもりのあがたぬしら》県主部だという。

葛野《かどの》は京都府葛野《かどの》郡（京都市北区、右京区、西京区）と愛宕《おたぎ》郡（左京区、東山区、北区）で、「主殿《とのもり》」は、宮中の雑事を司る者だ。『新撰姓氏録《しんせんしょうじろく》』には、神武東征の時、鴨建津身命が大きなカラスとなって飛んできて、神武を導いたこと、その功績を称えて褒賞を与えたとあり、「天八咫烏《あめのやたからす》」の名はここから始まったとある。また、葛野県《かどののあがた》を賜り、のちに鴨県主になったとある。『日本書紀』の記事と重ねて、賀茂氏とヤタカラスがつなげられて考えられるようになった。

カモ氏と山背のつながり

その後の賀茂氏の動きが興味深い。『山城国風土記《やましろのくにのふどき》』逸文に、次の説話が載る。

可茂《かも》の社《やしろ》（京都左京区の賀茂御祖《かもみおや》神社、下鴨神社）。可茂という地名の由来は、以下のとおり。日向《ひむか》の襲《そ》の高千穂峯《たかちほのたけ》に天降ってきた賀茂建角身命（『新撰姓氏録』の記事を信じれば、八咫烏）は神倭石余比古《かむやまといわれひこ》（神武天皇）を先導し、ヤマトの葛木《かづらきの》山（葛城《かつらぎ》山）の峰に宿り、そこから少しずつ移動し、山代の国の岡田の賀茂（京都府木津川市加茂町。木津川の岸辺。岡田鴨神社が鎮座する。このあたりの木津川は、かつては鴨川と呼ばれていた）に至った。そのまま山代《やましろ》河（木津川）を下り、葛野《かどの》河（桂《かつら》川・葛野川）と賀茂河（賀茂川）との合流点に至り、賀茂川の上流の方角を眺め、述べられた。

「狭くはあるが、石川の清流だ」

そこで、名付けて石川の瀬見《せみ》の小川という。この川を溯り、久我《こが》の国（賀茂川上流域の古い呼び名）の北の山基《やまもと》（上賀茂神社の西側。西賀茂の大宮の森。下鴨神社の旧社地。久我神社が鎮座）に鎮まった。その時から、名付けて「賀茂」と言う。賀茂建角身命は、丹波国の神野《かみの》の神（兵庫県丹波市氷上町御油《ごゆ》の神野《かみの》神社の祭神）伊可古夜日女《いかこやひめ》を娶り産まれた子の名が玉依日子《たまよりひこ》と玉依日売《たまよりひめ》だった。

玉依日売は石川の瀬見の小川に川遊びしていた時、丹塗矢《にぬりや》（赤く塗った矢。男神《おがみ》が依り憑く物ざね）が川上から流れ下ってきた。それを取って持ち帰り、寝床の近くに挿しておいた。すると身籠もり、男子を産んだ。その子が成長すると、建角身命は八尋屋《やひろや》（大きな建物）を建て、大きな扉を用意し、たくさんの甕《かめ》に酒を造り、神々を集めて、七日七夜宴を開き、そうして子と語り合って、次のように述べられた。

「おまえの父と思う人に、この酒を飲ませなさい」

すると子は、酒杯をささげて、天を礼拝し、屋根瓦を破って天にのぼっていった。そこで、外祖父の名によって、可茂別雷命《かものわけいかづちのみこと》と名付けた。いわゆる丹塗矢は、乙訓《おとくに》の郡の社（京都府乙訓郡長岡町井ノ内の乙訓神社）に鎮座する火雷神《ほいかつちのかみ》だ。可茂建角身命《かものたけつのみのみこと》（賀茂建角身命）と丹波の伊可古夜日女と玉依日売、これら三柱の神は、蓼倉《たでくら》の里（下鴨神社の北側。京都市左京区蓼倉町）の三井《みい》の社（下鴨神社本殿西側　三所神社）に坐す。

この説話に従えば、賀茂氏は神武天皇とともにヤマト入りし、まず葛城に根城を築き、その後南山城の木津川流域に、さらに山背に移ったことになる。ただし、気になるのは、賀茂建角身命が「丹波国の神の娘を娶った」という話だ。『日本書紀』は崇神天皇の母と祖母が物部系と記録していて、それは崇神天皇が物部氏そのものだったからと指摘しておいたが、賀茂建角身命も「タニハ」との縁を感じずにはいられない。

ただし、同じカモ氏でも葛城と南山城は別のカモ氏だとする説が根強い。葛城のカモ氏の姓《かばね》は「君《きみ》」で、天武天皇の時代に「朝臣《あそん》」を下賜《かし》された。一方の山背《やましろ》のカモ氏は「県主」なのだ。つまり、平安京《へいあんきょう》遷都ののち発展した山城のカモ氏が、葛城のカモ氏の古い伝承を奪い取ったというのだ（『古代葛城とヤマト政権』網干善教・石野博信・河上邦彦・田中晋作・福永伸哉・和田萃　御所市教育委員会編　学生社）。

しかし、二つのカモ氏が拠点にしていた場所には、いくつかの共通点がある。まず第一に、「ヤマト政権の中枢からやや離れている」ことだ。「葛城と言えば大切な場所」と感じるが、それは五世紀に葛城氏が台頭するからだ。政権の真ん中に立っていたのは瀬戸内海勢力で、大和川が奈良盆地から大阪湾まで続くルートを確保していた。特に、生駒山は「ニギハヤヒ山」と呼ばれていて、物部氏（瀬戸内海勢力のリーダー）が、この山の東西に睨みをきかせていた意味は大きい。これに対して、葛城は、どちらかというとメインルートに対するバイパスにあたる紀ノ川と強くつながった地域だ。くどいようだが、神武天皇に付き従ってヤマト入りした人びとは、歴史の勝者ではなく、むしろ、零落した人びとであり、力をつけてヤマトに乗り込んだわけではない。山背も、水上交通の要衝だが、政権とは遠い位置にいた。ちなみに、「山背」の「山」は「ヤマト」をさし、ヤマトの裏側が「山背」だったのだ。

そして、これらの紀ノ川や山背の周辺には、九州の隼人《はやと》の勢力圏があって、しかも隼人は武内宿禰《たけのうちのすくね》や彼の親族の拠点ともつながっているから（拙著『「大乱の都」京都争奪古代史謎解き紀行』新潮文庫）、無視できない。葛城と山背は、「ヤマト建国後一度衰退した日本海勢力がやっとのことで食い込んだ土地だったのではないか」と思えてくるのだ。しかも、それは、敗れた「タニハ」の次善の策であり、この推理を考古学が後押ししてくれる。六世紀初頭の継体天皇が、そのことを証明してくれる。

13　雄略天皇が大伴氏を頼ったわけ

次第に力をつけたヤマトの王

ヤマト建国は三つの段階を経て落ちついた。まず近江と東海がオオヤマトに乗り込み、あわてた吉備と出雲がヤマトにやってきた。吉備のニギハヤヒの登場であり、おそらくナガスネビコは東海の王であろう（拙著『神武天皇VS.卑弥呼』新潮新書）。ところが、一度まとまったヤマト政権が北部九州の奴国とつながり、邪馬台国《やまたいこく》を制圧したあと、ヤマト政権内が日本海勢力と瀬戸内海勢力に分裂してしまった。そして、北部九州の日本海勢力を追いやって、瀬戸内海勢力が主導権を握ったのだ。ところが、ここで最後のどんでん返しが待っていた。疫病の蔓延によって人口が半減し、占ってみると大物主神《おおものぬしのかみ》の意思と分かり、あわてて祀るものを連れてきたのだ。『日本書紀』はこれを大田田根子《おおたたねこ》と言うが、実際は神武天皇だったという推理を、ここまで展開してきた。

ヤマトの王は祭司王で、畿内豪族層が実権を握る体制が、こうして確立されたのだ。八世紀に律令制度が整っても、原則として畿内豪族層が特権を持ち地位を世襲し（蔭位《おんい》制）、天皇に実権を渡さなかった。ところが、五世紀から七世紀にかけて、王の立場は、めまぐるしく変化した。強い王を目指した時期もあったし、七世紀に律令整備が始まったが、これは中国では、皇帝を頂点にした統治システムだった。それを日本流にアレンジしたのだが、その整備をする間、王家は豪族（貴族）たちから権力を奪い、暫定的に独裁体制を敷いた（皇親《こうしん》政治）。ヤマトの王は、ただ単純に「弱いだけの存在」ではなかったのだ。この、流転する統治システムを、俯瞰していこう。

まず四世紀末、中国の混乱を尻目に、朝鮮半島北部の高句麗《こうくり》が南下政策を採り、半島南部の諸地域が震え上がり、倭国に救援を求めた。朝鮮半島南部は鉄の産地で、弥生時代から、倭人は群がっていたし、最南端の海岸部（伽耶《かや》諸国）は、大切な倭の海人の拠点でもあったので、権益を守るために、倭国は遠征軍を派遣した。

倭王の名は東アジアに響きわたり、『宋書《そうじょ》』倭国伝《わこくでん》には、五人の倭王が記録された。これがいわゆる「倭《わ》の五王」で、讃《さん》・珍《ちん》・済《せい》・興《こう》・武《ぶ》だ。それぞれが、『日本書紀』に登場する仁徳《にんとく》（あるいは履中《りちゅう》か応神《おうじん》）、反正（あるいは仁徳）、允恭《いんぎょう》、安康《あんこう》、雄略《ゆうりゃく》に比定されている。

宋の高祖（武帝）は永初《えいしょ》二年（四二一）、詔して、次のように述べている。

「倭国の王・讃は、万里《ばんり》の遠い場所から貢物を送ってくる。その誠意を高く評価して、除授を賜う（官爵《かんしゃく》を授ける＝冊封《さくほう》）」

宋は南朝で、北側の北魏と争っていたから、遠方の倭国の来朝を、大いに利用したかったのだろう。

こうして倭王は、次第に高い爵位を、宋から獲得している。最後の武王には、使持節《しじせつ》都《と》督《とく》倭《わ》新羅《しらぎ》任那《みまな》加羅《から》秦韓《しんかん》慕韓《ぼかん》六国《りっこく》諸軍事《しょぐんじ》安東大将軍倭王《あんとうだいしょうぐんわおう》が与えられた。名誉職と考えてよいし、百済《くだら》王と比べたら、一段下がるが、それでも国内的には、権威づけにはなっただろう。

遠征軍は豪族の私兵を集めた混成軍だったから、遠征を続けているうちに、統一されたすばやい判断が求められるようになった。当然、王家も、チャンスとみたのだろう。武王＝雄略天皇（二十一代）が、強い王を目指していたようなのだ。『日本書紀』の記事を要約しておく。

もともと雄略天皇は、皇位継承候補ではなかった。兄の安康《あんこう》天皇が皇后の連れ子・眉《ま》輪《わの》王《おう》に殺されてしまった。事情は複雑で、安康は誣告《ぶこく》を信じて、罪もない皇族を殺してしまい、その妻を正妃に招き入れていた。眉輪王はたまたま事情を知ってしまい、仇を討ったわけだ。

雄略は兄の死の直後、迅速に動いた。雄略は有力な皇位継承候補ではなかったが、安康暗殺の背後にうごめいていたと思われる皇族や有力豪族を、次々に倒していった。眉輪王はこの時代の権力者・円大臣《つぶらのおおおみ》（葛城氏の長者）の館に逃れたが、雄略は火を放って皆殺しにしてしまった。雄略の評判は芳しくなかった。『日本書紀』にも、雄略天皇は自分が正しいと信じていたので、誤って人を殺してしまうことがしばしばだったとある。だから、天下の人は「大《はなは》だ悪《あ》しくまします天皇《すめらみこと》なり」と誹《そし》ったという。雄略天皇が寵愛する者は、数人の渡来系の役人だけだった……。

ただし、雄略天皇の時代の前後から、改革事業が展開されていたことも分かっている。

中央集権国家造りへの模索が始まっていたのだ。だから、古代人は雄略天皇を特別な存在とみなしていたようで、『万葉集《まんようしゅう》』編者・大伴家持は雄略天皇の歌を冒頭にもってきている。しかも、要所要所に栞《しおり》のように、雄略天皇の歌を掲げていた。これは、意図的だと考えられている。

なぜ雄略天皇は大伴氏を起用したのか

考古学も、雄略天皇の時代に変化があったことを突きとめている。稲荷《いなり》山《やま》古墳（埼玉県行田市）から発見された金錯銘鉄剣《きんさくめいてつけん》（国宝）や江《え》田《た》船山《ふなやま》古墳（熊本県玉名《たまな》郡和水《なごみ》町）の大刀に刻まれていた文字に、地方から中央に出仕していた役人（武官と文官）が存在し、天下を支配する「国家の統治システム」が完成しつつあったこと、それを文字を使って記録していたことがはっきりしたのである。

それにしても、強引に即位し、大悪天皇と罵《ののし》られていた雄略天皇が、どのようにして改革事業を展開できたのだろう。ヒントのひとつは、大伴《おおとも》氏だと思う。

大伴氏の活躍は、雄略天皇の時代から始まる。『日本書紀』雄略二年七月条、同九年三月条、同二十三年条に、大伴室屋大連《おおとものむろやおおむらじ》と大伴談連《おおとものかたりむらじ》が登場する。雄略天皇の時、大臣は平群真《へぐりのま》鳥《とり》（武内宿禰《たけのうちのすくね》の末裔）で、大連は大伴連室屋と物部連目《もののべのむらじめ》（ニギハヤヒの末裔）だった。雄略天皇は崩御の直前、大伴室屋と東漢掬《やまとのあやのつか》に、皇太子の行く末を案じて、守ってほしいと頼み込んでいる。信頼されていたのだろう。

あまり知られていないが、大伴氏は神話の時代から登場している。そして、天孫降臨と神武東征説話にも登場する。九州から王家と共にヤマトに乗り込んだ人びとだ。大伴氏の祖の道臣命《みちのおみのみこと》は、神武東征後の論功行賞の筆頭に名があがっている。

またしても、くどいようだが、神武の一行は、歴史の勝者ではない。九州に零落した人びとであり、ヤマトに乗り込んだあとも、実権を獲得したわけではなかった。

ちなみに、神武は纏向から西側に少し離れた橿原《かしはら》に宮を建てたが、周辺には、大伴氏や久米《くめ》氏ら、九州時代の苦労をともにした人々が固まって暮らしていたのだ。

問題は、なぜ雄略天皇が、大伴氏を大抜擢したのか、である。こういうことではなかったか。王が権力を握ろうとすれば、物部氏ら「畿内豪族層」の反発を招いただろう。だから、「大悪天皇」と、罵られもしたにちがいない。そこで雄略天皇は大伴氏を起用したのではあるまいか。九州で王家と辛酸をなめ続けてきた大伴氏は、ヤマト入りしたあとも、ヤマト政権内で冷遇されていたのだろう。だから、雄略天皇は王家にもっとも近しい人びとの奮起を促し、重用したのではなかったか。つまり、ヤマト建国後百年以上が経過し、既得権益を得ていた人びとに対抗するために、大伴氏ら「九州組」を大切にしたのだろう。大伴氏はこののちも、王家のために活躍していく。

14　継体天皇はなぜ淀川に固執したのか

継体天皇は淀川水系に都を置きたかった？

五世紀後半の雄略《ゆうりやく》天皇の出現は、大きな画期となり、中央集権国家造りへの出発点となった。しかし、すんなり改革事業が進んだわけではない。雄略天皇の子の清寧《せいねい》天皇が亡くなると、雄略天皇の王家は途絶えてしまった。その後、雄略天皇によって潰された王家が復活するも、五世紀末に第二十五代武烈《ぶれつ》天皇が登場して、王統が途切れてしまう。そこでヤマト政権は、丹波国桑田郡《たんばのくわたのこおり》（京都府京都市左京区と亀岡市。山城国と接した地域）に仲哀《ちゆうあい》天皇五世の孫の倭彦王《やまとひこのおおきみ》を迎えいれようと使者を遣わしたが、遠くから迎えの兵士らを見やって、恐れ、顔色を失い、山谷に逃げ、行方が分からなくなってしまった。そこで応神天皇五世の孫で、越《こし》（北陸）の男大迹王《おおどのおおきみ》（継体《けいたい》天皇）に白羽の矢が立てられた。

男大迹王ははじめ近江に生まれたが、父が早くに亡くなり、母・振媛《ふるひめ》（垂仁《すいにん》天皇七世の孫）の実家である高向《たかむく》（福井県坂井市）に引き取られ、育てられた。尾張氏の目子媛《めのこひめ》を娶り、勾大兄皇子《まがりのおおえのみこ》（のちの安閑《あんかん》天皇）と檜隈高田皇子《ひのくまのたかたのみこ》（のちの宣化《せんか》天皇）が生まれていた。

ちなみに、越と東海地方のつながりは古い。越北東部の土器は弥生時代後期後半から庄内式期のはじめ（纏向遺跡の出現した時期）に、信濃の北部に流れ込み、布留式最古《ふるしきさいこ》（ヤマト建国時）に数を増やし、関東から東北地方まで広がり、布留式中期に激減する。越が畿内に従属したとする説もあるが、一方で、東海地方とのつながりが強まり、いっしょに東へ働きかけるようになったようだ。ヤマトに箸墓《はしはか》が登場したころ、越には近江や東海地方で生まれた前方後方墳が出現し、東海系の土器が並べられていた。ヤマト建国後、ヤマト政権は東国の「潜在能力」に着目し、発展を促していくが、その先駆けとなったのが、東海と越だった。二つの地域の思惑が、すでにこの時代から合致していたわけだ。それはともかく……。

ヤマト政権側は使者を送り、威儀を整えて迎えいれようとしたが、男大迹王は疑いをもち、なかなか首を縦に振らない。するとひそかに旧知の河内馬飼《かわちのうまかいの》首荒籠《おびとあらこ》（河内には飼部《うまかいべ》が多かった）が男大迹王の元に使者を送り、ヤマト政権が本気で男大迹王を王に立てようとしていることを伝えた。これを聞いて男大迹王は、「危うく天下に笑われるところだった」と、馬飼首に感謝したのだった。

さて、継体天皇と言えば、「応神天皇五世の孫という出自が怪しい」と考えられ、しかも先代の武烈天皇が酒池肉林をくり広げたと『日本書紀』は記録するため、ここで王朝交替が起きていたのではないかと疑われてきた。近年に至り、旧王家の女性を娶り、生まれた子が王家を継いだことから、婿入りと考えられるようになった。しかし、それだけで継体天皇の謎を解いたことにはなるまい。「応神天皇五世の孫」という設定は、意味深長である。しかも、近江、東海の加勢を受けて王位に就いたこと、最初ヤマト政権はタニハの王を求めたことも、留意が必要だ。これらはヤマト建国時の「きっかけを作った人たち」だったことを忘れてはならないであろう。

もうひとつ注意すべき点がある。それは、河内飼部首のことだ。『日本書紀』履中五年秋九月条に、興味深い話が載る。天皇が淡路島に狩りをした時、河内の飼部（朝廷の馬を飼い養う人）らがお伴をして、馬の轡《くつわ》をとった。これより前、飼部の入れ墨がまだ治っていなかった。島に祀られるイザナキが、祝《はふり》に「血が臭くて耐えられない」と苦情を述べた。占ってみると、飼部の入れ墨の血と分かった。そこでこれ以降、飼部の入れ墨を廃絶したというのである。

さて、飼部が、なぜ入れ墨をしたのだろう。そして、なぜ河内に多かったのだろう。まず、淀川の岸辺などに、牧《まき》が多かった。洪水が頻繁に起きる土地を利用していたのだ、川と馬は、相性がよかったのだ。海人は舟に馬を乗せて航海することがあった。陸地に着くと、川を溯るために、馬が舟を引いたのだ。だから、日本の馬は小型で、その方が重宝したのだ。

そして飼部は、海人出身だった可能性が高い。「魏志倭人伝《ぎしわじんでん》」に記されているように、倭の海人は入れ墨をしていて、大きな魚から身を守った。すでに触れたように、その伝統は古墳時代まで続いていたし、縄文時代から続く文様と文化だったのだ。つまり、「タニハ連合に囲まれた男大迹王の即位を、河内の海人の末裔が後押ししていた」可能性が出てくる。

さらに問題なのは、畿内に招かれ、即位した継体天皇が、なぜかヤマトに十九年間入らず、山背や淀川周辺を転々としていたことなのだ。継体天皇は、越から北河内の樟葉《くすは》に宮を置き、次に南山城の筒城《つつき》、三番目に弟国《おとくに》に留まった。「弟国（乙訓《おとくに》）」が曲者で、ここは、向日市《むこう》、長岡市の全域と、京都市西南部の一部で、山城の中でも重視された地域だった。水運の利便性がずば抜けていたことと、タニハと陸路でつながっていたことからだ。ここに継体天皇が宮を置いたのは偶然ではない。

しばらくヤマトに入らなかったことに関して、一般的には、「ヤマトの反動勢力が継体をはね返していたのではないか」と考えられてきたが、逆だと思う。継体天皇はヤマトに入りたくなかったのだろう。目論見は、山背や淀川周辺に都を据えたい、ということだったのだろう。それが、タニハ連合の悲願だったにちがいない。十九年後、継体天皇が淀川水系を離れてヤマトに入ったのは、継体天皇の敗北を意味していると思う。瀬戸内海勢力（物部氏）が、巻き返しを図ったのだろう。

この図式が『日本書紀』の記事からはっきりと読み取れないのは、『日本書紀』が七世紀の蘇我氏を大悪人に仕立て上げるために、ヤマト建国の真相を抹殺してしまったからにほかならない。

山背は日本海の土地？

五世紀後半、雄略天皇は中央集権国家建設を目論むも、反動勢力が息を吹き返し、政局は混乱していたようだ。そして、いつの間にか、「日本海勢力」が、力をつけていたのだ。特に越は、朝鮮半島と独自の流通ルートを確立していたようで、先進の文物をどこよりも早く手に入れていた。この勢いに、ヤマトは圧倒され、越の王を立てることにしたのだろう。ヤマト建国直後に勃発した瀬戸内海と日本海の主導権争いは、こうして継体天皇の時代に次のステップに移ったのだし、越（日本海）、近江、東海の後押しを受けた王の出現は、「ヤマト建国の焼き直し」とみなすことも可能なのだ。

ここで話は、カモ氏に戻る。

『日本書紀』に従えば、カモ氏の祖（ヤタカラス、賀茂建角身命《かものたけつのみのみこと》）は紀伊半島で道に迷った神武天皇一行を救ってヤマト入りしたとあるが、どこからやってきたのか、まったく分からない。

すでに触れたように、『山城国風土記』逸文には、賀茂建角身命が、丹波国の神野の神の娘を娶ったとあり、賀茂建角身命とタニハに接点があったこと、賀茂建角身命も本当はタニハ出身ではないかと指摘しておいた。

さらに『山城国風土記』逸文の、賀茂氏にまつわる三井社《みいのやしろ》の次の話が載っている（『釈日本紀《しゃくにほんぎ》』巻九）。

蓼倉《たでくら》の里、三身《みみ》の社《やしろ》。三身というのは、賀茂建角身命と丹波の伊可古夜日女《いかこやひめ》、玉依《たまより》日女《ひめ》の三柱がいらっしゃるからだ。

ここでも、賀茂建角身命は「タニハの女性」とつながっていた。

タニハはヤマト建国を陰から支えたが、『日本書紀』はまったく無視する。けれどもタニハに留まっていたとは考えられず、他の地域と同じようにヤマトの内側か近辺に拠点を構えていただろう。タニハから川と坂道を下ればすぐ山背国だから、この一帯が怪しい。実際、ヤマト建国前後に南山城にタニハ系の土器が流れ込んでいたことが分かっている。

山背の古墳の変遷も、タニハと山背をつないでいる。特筆すべきは、京都府木津川市の椿井《つばい》大塚山《おおつかやま》古墳で、古墳時代前期の南山城を代表する前方後円墳だ。ヤマト以外の地域では、当時最大の規模を誇り、箸墓の三分の二のスケールの同じ形だった。大量の三《さん》角縁神獣鏡《かくぶちしんじゅうきょう》も副葬されていて、この数はヤマトの王墓に肉薄していた。ヤマト政権と強くつながっていた王の墓で、ヤマトの王に次ぐ、№2の地位と言える。また、乙訓（向日市）に元稲荷《もといなり》古墳（前方後方墳）と五塚原《いつかはら》古墳が造られた。南山城と北側の乙訓の二ヶ所がまず発展したことは、無視できない。しかも、乙訓はタニハとの接点だ。

ヤマト建国直後の山背にこれだけの勢力が存在したのに、『日本書紀』が無視してしまったところに、話の妙がある。そして、「カモ氏」が、葛城から椿井大塚山古墳に近い南山城に移り、のちに上賀茂・下鴨神社の地域に移っていくのは、彼らがタニハ出身で山背がタニハ（日本海）の強い地盤だからだろう。

継体天皇が淀川水系に固執したのも、同じ理由からだろう。

15　磐井の乱の真相は？

なぜ磐井は反乱を起こしたのか

継体《けいたい》天皇の在世中、大きな内乱が起きている。継体二十一年（五二七）六月、継体天皇は近江毛野臣《おうみのけぬのおみ》に六万の軍勢を授け、任那《みまな》（朝鮮半島最南端の伽耶《かや》諸国）の復興を目論んだ。しかし筑紫国造《つくしのくにのみやつこ》・筑紫君磐井《つくしのきみいわい》が、遠征軍の行く手を遮ったのだ。朝廷は翌年、改めて、大将軍・物部麁鹿火《もののべのあらかひ》率いる征討軍を派遣して磐井を撃たせた。筑紫の御井《みい》郡（福岡県久留米《くるめ》市や小郡《おごおり》市の一部）で戦戈が交わされ、平定した。息子の筑紫君葛子《つくしのきみくずこ》は、連座することを恐れ、糟屋屯倉《かすやみくら》（福岡県糟屋《かすや》郡）を献上する……。

ちなみに、最終決戦場が御井郡だったと『日本書紀』にあるが、ここが邪馬台国北部九州説の山門県《やまとのあがた》（みやま市）とかかわりがある場所で、北部九州の防衛上の要の高良《こうら》山の麓だった。さらに余談ながら、磐井の墓・岩戸山《いわとやま》古墳は、福岡県八女《やめ》市にあって、やはり、山門県に近い。一帯が北部九州の要の土地だったことが分かる。

『日本書紀』は、「磐井が悪い」と、一方的に主張する。わざわざ漢籍《かんせき》から文章を借りてきて、「磐井悪人説」を補強してもいる。その上で「磐井は新羅《しらぎ》（朝鮮半島東南部）から賄賂《わいろ》を受けとっていた」と難癖をつけるが、はたしてどうなのだろう。

結論を先に言えば、「百済《くだら》を見捨てて新羅に付こう」と訴えた磐井の外交感覚の方が正しかった。のちに百済は滅び、新羅は朝鮮半島を統一している。ヤマト政権は、結局任那復興も果たせていない。

磐井の乱をめぐっては、長い間論争が交わされてきた。

津田左右吉《つだそうきち》は、乱そのものが起きていたかどうか疑わしいと考えた。北部九州に豪族が反逆したという伝説が残っていて、これを『古事記』が採りあげ、『日本書紀』が潤色を施したと考えた。『尚書《しょうしょ》』(書経)の文体を真似していて、滑稽だと言っている(『津田左右吉全集　第二巻』岩波書店)。戦後になると、異なる見方が出てきた。五世紀以降ヤマト政権の朝鮮半島出兵はくり返されていたため、西日本は疲弊していて、不満が爆発したのだろうと考えられるようになった(藤間生大『日本民族の形成』岩波書店)。門脇禎二《かどわきていじ》は、筑紫は磐井の地域王国だったと指摘し、九州東北部の重要な港がヤマト政権におさえられ、食料や物資を徴発され、反発したのだろうと考えた(『古代日本の「地域国家」と「ヤマト王国」下』学生社)。その上で、前段階ではヤマトの地域国家にすぎなかったヤマト王国は、磐井の乱をきっかけに、国家統一に突き進んだと推理し、この考えは、多くの支持を受けたのだった。

しかし、五世紀後半の雄略天皇の時代に熊本県の江田船山古墳から、ヤマト政権に出仕していた文官の記録が発見されて、北部九州が独立を維持していたと考えることはできなくなったし、そもそも三世紀の段階で多くの人びとが東側から北部九州に流入していて圧倒されていたことも、考古学的にはっきりと分かってきている。そのヤマト側からの締め付けをはね返したという証拠もないし、北部九州沿岸部は朝鮮半島や中国との窓口になっていたわけで（熊本県の場合は南西諸島や中国の南朝とのルート）、ヤマト政権が野放しにしておくはずもなかった。だからかつての考えは、もはや通用しなくなったのだ。

　では磐井の乱は、なぜ起きたのだろう。最大のヒントは、磐井自身の言葉にある。近江毛野臣に向かって次のように言っている。

「今でこそ（近江臣は）使者としてやってきたかもしれないが、昔はわがともがらとして、肩を擦り肘を触れ、同じ釜の飯を喰らった仲ではないか（「共器《おなじけ》して同《とも》に食《くら》ひき」同等の立場で結びつく慣習の意）。なぜ使いとなったとたんに、従わせようとするのか。そのようなことが、どうしてできよう」

　こう言って、戦いは始まったのだ。磐井の態度は、じつに奢っていたと『日本書紀』は言う。

　ここで、近江毛野臣について、補足しておこう。磐井と、接点があったと『日本書紀』が言っているのは気になる。

『日本書紀』崇峻《すしゅん》二年条に、東山道に派遣され、蝦夷《えみし》の国境を視察した近江臣満《おうみのおみみつ》や、推古三十一年（六二三）条に、近江脚身臣飯蓋《おうみのあなみのおみいいふた》が任那復興のために新羅征討軍が組織された時、副将軍に任ぜられている。東国や海外遠征の双方で活躍した氏族だ。また、注目されるのは『古事記』孝元《こうげん》天皇の段の記事で、建内宿禰《たけのうちのすくね》（武内宿禰《たけのうちのすくね》）の子・波《は》多八代《たのやしろの》宿禰《すくね》が淡海《おうみ》（近江）臣の祖とされている。蘇我氏と遠い縁でつながっていた「近江臣」は近江国やタニハとかかわっていたのだろう。

近江毛野臣がタニハ連合の縁者として、北部九州の磐井と「同じ釜の飯を食べていた」というのは、たまたま同じ時期にヤマトの朝廷に出仕していて、そこで知りあったことを意味しているのだろうか。それもありうるが、「同じ志を抱いていたのに、いつの間にか転向したのか」と、汲み取ることも可能だ。何しろ、近江毛野臣は、朝鮮半島に遣わされ、新羅を撃とうとしているからだ。朝廷の命令とは言え、「それは話がちがう」と、磐井は憤慨したのではなかったか。

新羅をとるか百済をとるか

結論を言ってしまえば、磐井の乱は単純な反乱でも内乱でもない。磐井は正論を吐き、政権の外交政策に異議を唱え、「約束とちがう」と、継体を諫《いさ》めたのだと思う。この推理を説明していこう。

長い間ヤマト政権は、朝鮮半島最南端の伽耶諸国と強く結ばれていて、高句麗の南下政策に対抗して遠征軍を送っていたのも、伽耶の権益を守る目的が大きかった。その一方で、朝鮮半島西南部の百済とも、結びつきを強めていった。高句麗に対抗し、中国との交通を考えた場合、当然の帰結だったかもしれない。特に、ヤマト政権の中枢に立っていた物部氏は、親百済派の筆頭だった。百済国の役人に「物部」の名を負った者が存在したほどだ。

これに対し、五世紀後半頃から、ヤマト政権の混乱を尻目に越の地域が発展していったのは、朝鮮半島東南部の新羅との交易が富と繁栄をもたらしたからだろう。

問題は、越から連れて来られ、担ぎ上げられた継体天皇の外交戦略であり、ヤマトの旧体制側とは、大きな違いがあったはずだ。もちろん、新羅をとるか、百済をとるか……。磐井の乱の発端も、「任那（伽耶諸国）を守るために新羅を撃つ」という遠征軍の行く手を阻むことだった。

継体天皇をめぐっては、「王朝交替だったのではないか」「いやいや、婿入りだった」と、そちらばかりに目を奪われがちだが、任那（伽耶諸国）の衰退が大問題になっている時代だったことも要注意だ。継体六年（五一二）夏四月からあとしばらく、任那をめぐる記事で埋め尽くされている。この年、冬十二月には、百済が任那の四県を請うてきた。穂積臣押山《ほづみのおみおしやま》（物部系）は、「四県は百済に近いから」と、割譲すべきだと進言した。大伴連金村《おおとものむらじかねむら》もこの意見に賛同し、奏上した。結果、四県は割譲されたが、大兄皇子《おおえのみこ》（勾大兄皇子《まがりのおおえのみこ》、のちの安閑《あんかん》天皇）は、あとでこの決定を知り、覆そうと画策したが、百済の使者は「あなたの父が勅《みことのり》を下さった」と、拒否したのだった。この政権内部の混乱は、無視できない。『日本書紀』は、「大伴連と穂積臣は、百済の賄賂を受けとっていた」と噂話を記録するが、よく分からない。

このあと、『日本書紀』には百済との交流をめぐる細かい記事が続く。その中で物部氏と百済の親密な様子が描かれているのだが、継体二十年（五二六）秋九月に、都が弟《おと》国《くに》から磐余玉穂《いわれのたまほ》に遷されたと（ヤマトにやってきたのだ）短く記録されている。そしてこの記事の直後（翌年だが、記事は続いている）、近江毛野臣が新羅征討に向かおうとして、筑紫の磐井が阻止する。この時、「同じ釜の飯を食べた仲ではないか」と、磐井が言っているのは、磐井も「北部九州の人間として、日本海勢力の復活を待ち望んでいたひとり」であり、「越発展の源となった新羅との交流」に活路を見出そうとしていたひとりなのではなかったか。だから、近江毛野臣に向かって、「継体天皇は新羅との友好関係を維持するつもりではなかったのか」と、問いかけたのではなかったか。

つまり、継体天皇がヤマト入りして、日本海勢力は瀬戸内海勢力との暗闘に敗れたのであり、その結果、やむなく百済をとり新羅を捨てる選択をしたと考えられる。大兄皇子（勾大兄皇子）の抵抗も、その政争の一幕と捉え直すことができる。

ちなみに『日本書紀』は親百済派の書いた歴史書で、このあたりの新羅をめぐる記事には、多くの加筆や改竄《かいざん》があったと考えた方がよい。

第四章　誰が改革を手がけたのか

16　継体天皇の二人の子は殺された？

越と蘇我氏の強いつながり

継体《けいたい》天皇の出現は、日本海勢力の復活劇でもあった。そのひとつの証が、越《こし》と蘇我氏のつながりだと思う。『日本書紀』は明記しないが、越と蘇我氏は、特別な関係にある。

継体の母・振媛《ふるひめ》は越の三国君《みくにのきみ》の親族ではないかと一般には考えられている。夫の死後、越に移った振媛は、三国で継体を育てるが、三国の有力者と言えば、三国君なのだ。その三国君について、『古事記』は応神《おうじん》天皇の末裔といい、『日本書紀』は、継体天皇と越の三《み》尾君《おのきみ》の間の子が三国公の祖とある。三尾君は山背《やましろ》、近江、越前の豪族で、第十一代垂仁《すいにん》天皇の末裔だ。

『国造本紀《こくぞうほんぎ》』（『先代旧《せんだいく》事《じ》本紀《ほんぎ》』）には、異なる伝承が残されている。第十三代成務《せいむ》天皇の時代に、宗我《そが》（蘇我）臣の祖・彦太忍信命《ひこふつおしのまことのみこと》（武内宿禰《たけのうちのすくね》の祖父）の四世の孫が三国国造に任ぜられたとある。

とは言っても、『国造本紀』の記事は、あまり信頼されていない。三国氏が蘇我氏全盛期に、蘇我氏の系譜に紛れ込んだのではないかと疑われている。しかし、越周辺の国造に多くの蘇我系豪族が任命されていたと『国造本紀』は言う。蘇我氏と越がまったく関係なかったとは考えられない。

時代は下るが、七世紀後半に蘇我倉山田石川麻呂《そがのくらやまだいしかわのまろ》（蘇我入鹿《そがのいるか》の従兄弟）が謀反の疑いをかけられ山田寺（奈良県桜井市）で滅亡するが、末裔は越の国に逃れ、江戸時代に至り蘇我倉山田石川麻呂の無実を訴える石碑（雪冤碑《せつえんひ》）を山田寺跡に建てている。越に縁があるから頼ったのだろう。

『上宮記《じょうぐうき》』に、振媛（布利比弥命《ふりひめのみこと》）の母は余奴臣《よぬのおみ》とあり、これは江沼臣《えぬのおみ》のこととされていて、江沼《えぬま》（旧江沼郡は石川県と福井県の県境付近）の国造に、反正《はんぜい》天皇の時代、武内宿禰の四世の孫が任命されている。『古事記』には、武内宿禰の子が江野財臣《えののたからのおみ》だとあり、「江野」は「江沼」のことであろう。やはり、継体の母の系譜に蘇我氏はからんでくる。

継体天皇の即位ののち、蘇我氏は繁栄を誇るようになる。そして、瀬戸内海勢力の中心に立っていた物部《もののべ》氏と激闘をくり広げていくのである。

継体天皇と蘇我氏のつながりにこだわるのは、六世紀から七世紀前半にかけてのヤマト政権の擦った揉んだが、瀬戸内海VS日本海のヤマト建国時の主導権争いをなぞっていたこと、継体天皇の目論見は一度頓挫したが、のちに蘇我氏が繁栄を誇ることで、新たな時代を切り開いたからである。

ただし、その間の内紛は壮絶で、継体天皇の皇子たちも、悲惨な思いをした可能性が高い。

『日本書紀』は継体二十五年（五三一）、継体天皇が八二歳で崩御《ほうぎょ》し、このあと、継体と尾張《おわり》氏の目子《めのこ》媛《ひめ》との間に生まれた二人の皇子が順番に即位していったと記録する。それが、安閑《あんかん》、宣化《せんか》天皇だ。宣化天皇崩御ののち、継体と手白香《たしらか》媛《ひめ》（武烈《ぶれつ》天皇の姉。仁賢《にんけん》天皇の娘）の間に生まれた子が即位する。それが欽明《きんめい》天皇で、今上天皇は、欽明天皇の末裔《まつえい》だ。

ただし、『日本書紀』は、以下の異伝を載せている。

継体天皇は二十八年（甲寅《こういん》）に亡くなられたという証言がある。それにもかかわらず二十五年に亡くなられたと記したのは、『百済本記《くだらほんき》』の記事を元に記載したからだ。その話はこうだ。

「太歳辛亥《たいさいしんがい》（継体二十五年。西暦五三一年）の三月に、進軍して安羅《あら》に着き、乞乇城《こつとくのさし》（安羅周辺に造られた山城）を造った。この月に高句麗《こうくり》がその王・安《あん》を殺した（『三国史記』によれば、これはまさに西暦五三一年の事件）。また聞くところによると、日本の天皇と太子、皇子、ともに薨去《こうきょ》されたという」

これに従えば、辛亥の年は、二十五年にあたる。のちに調べる者が、明らかにするだろう。

不思議な一節だ。継体天皇が亡くなられたのは継体二十五年ではなく二十八年という証言があるのに二十五年説を採用したのは、『百済本記』の記事（現存せず）を重視したからと言う。しかもそこには、継体天皇だけではなく、二人の皇子が同時に亡くなったと記録されていたというのだ。もしこれが本当なら、クーデターが勃発していた可能性が出てくる。しかも最後に、事実はのちの人が調べてくれるだろうと、謎かけをしている。

『古事記』の場合、継体天皇の崩御は西暦五二七年と言っている。これも、『日本書紀』と合致しない。『日本書紀』は、安閑天皇が即位したのは西暦五三四年といい、継体二十五年に継体天皇が亡くなったとすると、長い空位期間（二年）が生まれてしまう。しかも、この間の歴史を、『日本書紀』はまったく記録していない。これも、不思議なことだ。

『上宮聖徳法王帝説《じょうぐうしょうとくほうおうていせつ》』や『元興寺伽藍縁起幷流記資財帳《がんごうじがらんえんぎならびにるきしざいちょう》』には、継体天皇崩御の直後、欽明天皇が即位したと考えざるを得ない記録もあり、戦前に喜田貞吉《きたさだきち》は両朝並立説を唱え、戦後になると林屋辰三郎《はやしやたつさぶろう》も、これに「内乱」の要素を組み込み、西暦五三一年の事件はクーデターで、「辛亥《しんがい》の変」と名付け、その後二朝は併立したという。

『日本書紀』は仏教公伝を欽明十三年（五五二）と記録するが、『上宮聖徳法王帝説』

は欽明天皇の時代の「戊午《ぼご》」だったと言う。これは『日本書紀』の言う宣化三年（五三八）にあたる。『元興寺伽藍縁起幷流記資財帳』も仏教公伝は「戊午」といい、「欽明七年」といっている。逆算すると、欽明元年は西暦五三一年となり、これは継体崩御の年と重なる。この二つの証言を重ねると、継体崩御を受けて即位したのは安閑ではなく、欽明になってしまう。

二朝並立はあったのか

一般に二朝併立論者は、大伴《おおとも》氏が安閑と宣化を支持し、蘇我氏が欽明天皇を推したと言う。ただし、大伴氏は朝鮮半島をめぐる外交戦で大失策をしでかしたために、蘇我氏が勢いを得て、欽明天皇を擁立し、それからしばらくして大伴氏が失地回復するために安閑天皇を擁立したというのである。

門脇禎二《かどわきていじ》は、まったく逆の考えを示した。宣化天皇が檜隈《ひのくま》に宮を建てたことを重視する。ここが蘇我氏の地盤の中心で、宣化天皇が歴史上はじめて蘇我氏が即位を促した天皇だったこと、もし、二人の皇子が継体崩御とともに死んでいたのなら、その後の蘇我氏の活躍をどうやって説明すればよいのか分からないと指摘している（『古代日本の「地域王国」と「ヤマト王国」下』学生社）。宣化天皇の即位と同時に蘇我稲目《そがのいなめ》が大臣に指名されたことも無視できない。

また、蘇我稲目は二人の娘（堅塩媛《きたしひめ》と小姉君《おあねのきみ》）を欽明天皇に嫁がせている。

では、この謎をどのように解けばよいのだろう。ヒントを握っていたのは秦氏《はた》だと思う。

欽明天皇が即位する以前、まだ幼かった時のこと、夢に人が現れて、次のように語ったという。

「もし秦大津父《はだのおおつち》なるものを寵愛すれば、成人したのち天下を掌握するにちがいありません」

そこで人を遣わして探させると、山背国の紀郡《きのこおり》の深草里《ふかくさのさと》（現在の京都市伏見区稲荷町から大亀谷町《おおかめだに》）で夢のとおり大津父をみつけたのだった。大喜びした欽明は、さっそく大津父を呼び寄せ、最近何か変わったことはなかったかと問いただした。すると大津父は、

「特にこれといって変わったことはありませんでしたが、私が伊勢に商売に行って帰ってきた時、山（稲荷《いなり》山）に二匹の狼が戦って血まみれになっていました。そこで馬から下りて『あなたたちは貴い神で、だから荒々しいことを好まれるが、もし狩人に出くわせば、からめ取られてしまいますよ。だからはやく争いをおやめなさい』といい、毛に付いた血を拭き取ってやりました。狼はこれで、助かったのです」

と答えた。天皇は、夢は間違っていないと直感し、大津父を厚遇し、国も栄えた。そこで即位してのち、大津父に大蔵の管理を任せた……。

秦氏は渡来系で、縁の下の力持ちのような存在だった。各地を開拓し、養蚕などの殖

産興業を手がけ、富を蓄えていた。欽明天皇は秦氏を頼ることで即位できたという。逆に言えば、欽明は多くの豪族から支持を受けていたわけではなかったことになる。おそらく、継体以前の旧体制の生き残りの一部（おそらく物部氏）から欽明天皇は支持されていたが、日本海勢力の勢いには勝てなかったのだろう。

そこで、欽明天皇と蘇我氏の婚姻関係の意味を問い直したい。と言うのも、のちに触れるように、七世紀後半の天智《てんぢ》天皇は即位すると、本来なら政敵であった蘇我系豪族を大勢取り立てているが、それは、蘇我氏を味方に付けなければ政権を維持できず、蘇我氏との間に手打ちをして、妥協していたからにほかならない。とすれば、欽明天皇の場合も、継体天皇の遺志を継承していた蘇我氏の女人を二人召し入れ、蘇我稲目を大臣に取り立てることによって、弱い政権の足元を固めたのではなかったか。財政的には秦氏を頼り、政局を安定させるために、本来なら政敵（安閑・宣化寄り）だった蘇我氏を抜擢したのだろう。そしてもちろん、『日本書紀』編者は、なぜこの段階で蘇我氏が急速に台頭したのか、その意味を抹殺するためにも、謎の時代を用意したのではなかったか。

17　仏教公伝と前方後円墳体制の終焉がほぼ同時だったのはなぜか

『日本書紀』を読んでも分からない物部氏の底力

すでに文字は使われていた六世紀なのに謎が多いのは、『日本書紀』が「よく分からない」と、とぼけ続けいているからだ。『古事記』に至っては、推古天皇の代まで記事が残されているが、実質的に歴史記述は第二十三代顕宗《けんぞう》天皇の代に終わっている。そのあとの仁賢天皇、武烈天皇、継体天皇と、変革期の「面白いはずの歴史」を、記録していない。系譜や宮と御陵の場所だけ書き残している。継体天皇記の場合、「竺紫《つくし》君石井が天皇の命令に背いて、礼を失していた。そこで物部や大伴氏らを遣わして石井を殺した」とだけ記録している。推古天皇の記述の中には、聖徳太子も登場しない。これはいったいどうしたことだろう。

なぜ『古事記』は、五世紀後半から六世紀の歴史を語ろうともしないのだろう。「歴史は残されていなかった」のではないと思う。『古事記』の序文には、諸家に伝わる歴史は、誤っていて、虚偽も加えられていて、今それを直さなければ、真相は忘れられてしまうと言っている。これを素直に受け入れれば、正しい歴史書を残そうとしたということになるが、『古事記』の場合、「語らない」ことで、何かを「分かってもらいたい」と願っていたのではあるまいか。

『古事記』序文を信じれば、『日本書紀』よりも『古事記』の方が先に記されていたことになるが、これは怪しい。すでに触れたように、古く見せかけたのであって、大和岩《おおわいわ》雄《お》らが述べるように、「原古事記」がまずあって、そこにのちの時代に手を加えて、『古事記』は完成したのではないかと思えてならない（『古事記と天武天皇の謎』ロッコウブックス）。もちろん、同時代の『日本書紀』の記事を読んでも歴史の真実ははぐらかされたままだ。ならば、どうやって謎めく時代の歴史を解き明かせばよいのだろう。

たとえば、物部守屋《もののべのもりや》と蘇我馬子《そがのうまこ》の仏教導入をめぐる争いにも謎がある。仏教を排斥し、神道を守ろうとしたのは物部守屋だけで、「神を祀る王家」の主だった者が、蘇我馬子に荷担して物部守屋を討伐したという話も、不可解だ。『日本書紀』は何かを隠し、真相を隠匿しているのではあるまいか。

まずここで確認しておきたいのは、物部氏の地位の高さで、『日本書紀』を読んだだけではわからないことなのだ。物部氏の正体を明らかにしたのは考古学である。

三世紀から四世紀にかけて、纏向《まきむく》遺跡に前方後円墳が出現し、各地に伝播し、新たな埋葬文化を共有する連合体が誕生し、ヤマトが建国されたこと、前方後円墳の原型は直前の吉備に生まれていて、これを物部氏の祖がヤマトにもちこんだ可能性が高い。ヤマト建国後、政権の中心に立ちつづけたのは物部氏で、物部系の『先代旧事本紀』には、ヤマトの祭祀様式は物部氏の祖が定めたとある。六世紀末に物部守屋が蘇我馬子に滅ぼされるとほぼ同時に、前方後円墳体制が終焉するのは、偶然ではない。物部一極支配も終わったのだ。

そこで、仏教公伝と物部氏と蘇我氏の争いをめぐる『日本書紀』記事を追ってみよう。

仏教をめぐる争いの意味

欽明十三年（五五二）十月、百済《くだら》の聖明王《せいめいおう》は仏像と経論《きょうろん》（お経と注釈書）を贈ってき

た。天皇は、

「こんなすばらしい教えは、聞いたことがない」

と喜ばれた。仏教を礼拝するべきかどうか群臣《まえつきみ》に尋ねた。すると蘇我稲目は、

「西蕃《せいばん》はみな礼拝しております。なぜわが国だけが背くことができましょう」

これに対し物部尾輿《もののべのおこし》と中臣鎌子《なかとみのかまこ》(あの鎌足ではない)は、蕃神を礼拝すれば、国神の怒りを買うと、猛反発した。そこで欽明天皇は、試しに蘇我稲目に仏像を祀らせた。ところが疫病が流行し、大勢亡くなった。物部尾輿と中臣鎌子は「言ったとおりになったではないか」と、仏教の排斥を求め、許され、役人が寺に火を放ち仏像を捨てた。

敏達《びだつ》十三年(五八四)に、同じような事件が起きていた。今度は百済から石造仏が贈られ、蘇我馬子がもらい受け、仏殿を建て三人の尼僧を得度《とくど》させた。すると再び疫病が流行りだしたので、天皇は仏法を止めよと命令し、物部守屋らは仏寺を焼き払い、仏像を難波の堀江に捨てた。ところが、敏達天皇と物部守屋が病に倒れ、疫病はさらに広まった。すると今度は、「仏像を焼いた罪だろう」と噂が広まった。そこで敏達天皇は、蘇我馬子ひとりに崇仏を許したのだった。

用明《ようめい》二年(五八七)七月、ついに物部守屋と蘇我馬子は激突した。蘇我馬子は朝廷の兵を率いて、物部守屋の渋河《しぶかわ》の館(大阪府布施市)を囲んだのである。

この時聖徳太子は、泊瀬部皇子《はつせべのみこ》(崇峻《すしゅん》天皇)や竹田皇子《たけだのみこ》(推古《すいこ》天皇の子)とともに蘇

我馬子の軍に加勢している。

　これに対し物部守屋は、館の周囲に稲を積み上げ稲城《いなき》とすると、激しく抵抗した。朝廷軍は三度敗走している。

　この様子を見ていた聖徳太子は、束髪於額《ひさごはな》の髪型で従軍していたが、戦況不利なことを憂え、これでは守屋を破ることはできないと感じ、願掛けをしようと考えた。

　そこで霊木（白膠木《ぬりで》）を伐り、四天王像を彫り、髪をたぐりあげ、次のように誓いを立てた。

「いまもし我をして敵に勝たしめたまわば、必ず護世《ごせ》四王のために寺を興しましょう」

　すると蘇我馬子も同様に、

「諸天王、大神王たちが我らを助け守り勝つことが叶えば、寺を建て三宝《さんぼう》（仏法僧。要するに仏教）をのちの世に伝えましょう」

と誓い、軍を進めると、それまでの苦戦が嘘だったように、物部守屋は自ら崩れていったという。

　この場面、聖徳太子の髪型が「束髪於額」と特記されているのは、童子の姿を強調するためだろう。「物部」の「モノ」は「鬼、神」で、ここで聖徳太子は童子の格好になって鬼退治をしたというのが、『日本書紀』の示した物語の「裏のテーマ」になっている。

　この後泊瀬部皇子が即位し（崇峻天皇）、飛鳥《あすか》に日本で最初の法師《ほうし》寺・法興《ほうこう》寺（元興《がんごう》寺、飛鳥寺）の造営が始まった。物部守屋が滅び、仏教の時代が到来したのだ。

ところで『日本書紀』は、仏教をめぐる争いの中で「物部氏が滅亡した」と印象づけているが、これは誤りだ。物部系の『先代旧事本紀』は、この時代の物部の本宗家は別にいて、物部守屋は傍流だったこと、本宗家や他の物部氏は、そのまま残ったと記録している。

それだけではない。『日本書紀』は物部守屋と蘇我馬子の争いをクローズアップすることで、物部氏と蘇我氏が犬猿の仲にあったと記録した。さらに、物部守屋が滅びた時、人びとは「蘇我大臣（蘇我馬子）の妻は物部守屋の妹だ。大臣はみだりに妻の計略を用いて物部守屋を殺したのだ」と語り合ったとある。また皇極《こうぎよく》二年（六四三）には、「蘇我入鹿が権勢をほしいままにしているのは、祖母の財があったからだ」と言っている。

しかし、物部氏の『先代旧事本紀』が蘇我氏を批判していないし、『先代旧事本紀』も、蘇我入鹿が物部系だったことを、むしろ誇らしげに記録しているのはなぜだろう。じつは物部氏と蘇我氏の本当の関係が見えてくると、謎多き時代の真相が見えてくるのである。

18　物部氏と蘇我氏の本当の仲

数々の蘇我氏の専横

五世紀後半の雄略天皇の出現から始まった中央集権国家への歩みは、継体天皇の即位によってステップアップし、蘇我氏の台頭によって、さらに加速した。

『日本書紀』は「蘇我氏こそ大悪人」「蘇我氏が改革の邪魔だてをしていた」と主張していたが、次第に史学界も『日本書紀』の嘘に気づきはじめ、「蘇我氏は改革派だった」と考えるようになってきている。屯倉《みやけ》（天皇家の直轄領）を積極的に増やしていたのは蘇我氏で、王家の相対的な力を強めようとしていたのだ。

蘇我氏は隋《ずい》や唐《とう》で完成しつつあった律令制度の整備を目指した。律（刑法）と令（行政法）による統治システムだ。この法体系には、土地制度も組みこまれていて、豪族たちが私有していた土地と民をいったん国（天皇）の元に吸い上げ、戸籍を作り、農地を公平に分配し、民には租税と労役、兵役を課すというものだ。

律令整備の上でもっとも難しいのは、土地制度改革だった。土地と民を私有することで力と富と発言力を蓄えていた旧豪族から、いかにして土地と民をとりあげるか……。特に、日本一の大地主・物部氏を説得できるかどうかが、難題だったのである。

物部氏の中にも、さまざまな意見が満ちていただろう。その中でも、「なぜむざむざ、ヤマト建国以降持ち続けてきた土地と民を手放さなければならないのか」と、不満を抱いていたのが、物部守屋だったのかもしれない。だからこそ、蘇我氏と全面対決した。ところが、その他の物部氏は、「ご時世だから」と、蘇我氏に従ったのではあるまいか。

加藤謙吉《かとうけんきち》は各地の物部とソガ部の分布の重なりを調べ上げ、大化前代におけるソガ部の広がりによって、物部との重複が多いことを指摘している。これは偶然ではなく、物部守屋を滅ぼした蘇我氏が、物部の資産を一気に収奪したとみなした（『蘇我氏と大和王権』吉川弘文館）。これは、『日本書紀』の記録をほぼ認めていることになる。

しかし、蘇我氏は私利私欲で物部氏の土地に侵食していったのだろうか。『日本書紀』は蘇我氏を「改革事業を邪魔した」と主張する。事実、蘇我氏の悪行を数え上げればきりがない。

『日本書紀』皇極元年（六四二）是歳条には、次の記事が載る。

蘇我蝦夷《そがのえみし》は祖廟《おやのまつりや》を葛城《かつらぎ》の高宮に建て、八佾《やつら》の舞（横八列×縦八列、計六四名による方形群舞）を行なった。「祖廟」と「八佾の舞」は中国の皇帝にのみ許された行為だった。臣下の蘇我蝦夷が行なえることではない。蘇我蝦夷は次の歌を詠っている。

大和の　忍《おし》の広瀬を　渡らむと　足結《あよひ》手作り　腰作らふも

大和の葛城の忍海《おしみ》の曾我川の広瀬を渡ろうと、足紐を結び、腰帯を締めることだ……。蘇我の本拠地から軍を押しだし、天下を取ろうという意味だと言っている。

それだけではない。百八十の部曲《かきべ》（豪族の私有民）を徴集し、蝦夷と入鹿の大小二つの陵《みささぎ》を造営した。この時、上宮王家（聖徳太子の末裔たち）の乳部《みぶ》の民（一族の養育に従事する民）を勝手に使役した。上宮大娘姫王《かみつみやのいらつめのみこ》（聖徳太子の娘か）は憤慨し、「蘇我は国政をほしいままにし、無礼を働いた。天に二つの太陽はないように、国に二人の王はいない。どうしてそれなのに、勝手にわれわれの部民《べみん》（皇族や豪族に隷属して、労役に就き生産物を貢納した人びと）を使役したのか」

と恨んだ。『日本書紀』は、これが蘇我蝦夷と入鹿滅亡の遠因になったという。

皇極三年（六四四）十一月、蘇我蝦夷と入鹿は甘樫丘《あまかしのおか》（明日香《あすか》村）にそれぞれ家を建てた。蝦夷の家を「上の宮門《うえのみかど》」と言い、入鹿の家を「谷の宮門《はさまのみかど》」と呼んだ。彼らは子女を「王子《みこ》」と呼んだ。家の外には柵を築き、門の脇には武器庫を設けた。門に舟（用水桶）を用意し、火災に備えた。武器を携えた屈強の者に守らせた。畝傍《うねび》山の東にも家を建て、池を掘って砦にして、武器庫に矢を蓄えた。蘇我蝦夷はつねに五十人の兵に身辺を警備されていた。東漢《やまとのあや》氏が、二つの宮門に侍った。

この『日本書紀』の記事から、蘇我氏が独裁体制を敷きつつも、孤立していたとみなす考えもある（熊谷公男『大王から天皇へ　日本の歴史　三』講談社）。

蘇我氏の専横は、上宮王家を滅亡に追い込んだところでピークを迎えるのだが、その話は、のちに再び触れることにして、ここで特記しておきたいのは、皇極四年（六四五）の乙巳《いっし》の変で蘇我本宗家（蘇我蝦夷と入鹿の一族）が滅亡し、翌年に大化改新《たいかのかいしん》（六四六）が断行されたことで、改革は一気に進んだと『日本書紀』は言い、これが、蘇我氏の印象を決定づけていることだ。蘇我本宗家が消えて、改革が成し遂げられたのなら、蘇我入鹿が最大の邪魔だったということになるからだ。

しかし、大化改新で何もかもが入れ替わったという『日本書紀』の主張が間違っていたことは、すでに多くの史学者によって指摘されてきた。したがって、当然のことながら『日本書紀』の「蘇我悪人論」は、見直されつつあるのだ。むしろ蘇我氏こそ、改革の中心に立っていたのではないかと考えられるようになった。すでに六世紀から、蘇我氏が中心になって諸々の改革が進みつつあったからである。

そうなってくると、物部とソガ部が重なっていたという指摘を、どう考えればよいのだろう。物部氏が所有する広大な土地に蘇我氏が重なっていったのは、物部氏から国が土地を吸い上げる下準備だったのではないかと思えてくる。

物部氏を説得した女傑・大々王《おおおおきみ》

『元興寺伽藍縁起幷流記資財帳』が、大きなヒントを握っている。元興寺（奈良市）はもともと飛鳥の地に建てられた、日本最初の法師寺・法興寺（飛鳥寺）で、蘇我氏と強く結びついていた。藤原氏が権力を握った時代、平城京《へいじょうきょう》遷都（七一〇）とともに強制的に一部を移築させられた。

『元興寺伽藍縁起幷流記資財帳』には大々王なる謎の女傑が登場し、仏教を排斥する物部氏らをたしなめている。大々王は推古《すいこ》天皇と考えられているが、ぴったりと重なるわけではない。たとえば物部氏に向かって、「わが眷属《けんぞく》（一族）よ」と語りかけ、聡耳皇《とみみのみ》子《こ》（聖徳太子）に向かって「わが子よ」と、呼びかけている。これは、『日本書紀』の示す推古天皇の条件には含まれていない。

大々王が物部氏に対し、呼びかけている言葉が、感動的だ。

「わが現在の父母、そして眷属たちは、愚かで邪《よこしま》な誘いに乗って、三宝（仏法僧）を破滅焼流してしまった。私は寺と仏像を造ったが、ひとえにこの功徳をもって、わが父母、そして眷属の仏法を焼流させた罪をあがない、除いてほしいと願ったからだ。だから仏に誓願したのは、次のことだった。それは、こうして造り終えた寺を、二度と破らず、流さず、裂かず、焼かず、盗らず、犯さないことを。もしこれに反したら、必ず災難が降りかかりますことを。そしてもし、信心篤く、供養うやうやしく、修める豊かな心があれば、仏法の褒美を頂戴し、身命は長く安らかに、数々の福を得ますことを……」

このように大々王が述べられると、大地は揺れ動き、雷雨が降りしきり、あたりを清めた。群臣たちは、これを聞き、心をひとつにして、「以後三宝の法を破らない」と誓ったのだという。

物部系の『先代旧事本紀』にも、物部鎌姫大刀自連公《もののべのかまひめのおおとじのむらじきみ》なる女傑が登場する。宗我嶋大臣《そがしまのおおおみ》（蘇我馬子）に嫁ぎ、子が豊浦大臣《とゆらのおおおみ》で、別の名を入鹿とする。物部鎌姫大刀自連公は推古天皇の時代に「参　政《まつりごとあずかり》」となって神宮を斎《いつ》き祀った。国を代表する巫女《みこ》になったのだろう。この女傑、大々王とそっくりだ。

おそらく、蘇我氏は物部氏と婚姻関係を結ぶことによって、物部氏を取り込み、また大々王＝物部鎌姫大刀自連公という物部系の女傑の出現によって、物部氏の不満をすくい上げ、ともに改革を手がける道筋を整えたのではなかったか。

19　聖徳太子というカラクリ

いかにすれば改革者を大悪人にすり替えられるのか

くり返すが、『日本書紀』は藤原不比等《ふじわらのふひと》が権力者になった段階で編纂された。藤原不比等の父親が中臣鎌足《なかとみのかまたり》だから、中臣鎌足の蘇我入鹿殺しは、当然「正義の戦い」にしなければならなかった。『日本書紀』編纂の最大のテーマは、ここにある。史学者たちは、ようやく「蘇我氏は悪くなかった」ことに気づきはじめたが、一方で、「ならば中大兄《なかのおおえ》皇子《のみこ》と中臣鎌足はなんのために蘇我入鹿を殺したのか」に関しては、無頓着だ。さらに、「悪くない蘇我氏を、どうすれば大悪人に見せかけることができたのか」に関しても、興味が無いようだ。

しかし、『日本書紀』は日本史の根幹であり、この歴史書が何を隠し、何を書き替えたのかを知ることによって、歴史の見直し作業は進み、日本史の土台は完成すると思うのだ。われわれはどこからやってきてどこに行こうとしているのか。天皇の正体は、そして、神道の深層がいかなるものなのかを知るためにも、「蘇我入鹿をどうやって悪人に仕立て上げることに成功したのか」を、解き明かしておく必要がある。

答えは、あっけなく簡単なことだと思う。ヒントを握っていたのは、蘇我系皇族・廄《うまや》戸皇子《とのみこ》（聖徳太子）とその一族であろう。

蘇我入鹿暗殺の場面で斬りつけられた入鹿は皇極女帝に「私にどんな罪があるのか」とにじり寄った。あわてた皇極は、息子の中大兄皇子に問いただす。すると中大兄皇子は、「入鹿は王家をないがしろにし、王族を滅ぼしました。なぜ、入鹿に王家を乗っ取られてよいものでしょうか」と答えている。この王族を滅ぼしたという話は、山背大兄《やましろのおおえの》王《みこ》の一族（上宮王家《じょうぐうおうけ》）滅亡事件をさしている。『日本書紀』の物語における蘇我入鹿暗殺最大の大義名分は、これだったのだ。

聖徳太子亡きあと、蘇我氏は専横をくり広げたと『日本書紀』はいう。そして極めつけは、山背大兄王の斑鳩宮《いかるがのみや》を蘇我入鹿の軍勢が囲み、上宮王家を滅亡に追い込んでしまったことだった。事件を知った蘇我蝦夷でさえ、「入鹿は愚かなことをした」と、嘆いてみせたという。しかしここに、『日本書紀』の埋め込んだ壮大なカラクリが隠されている。

まず、上宮王家滅亡の物語全体が、信憑性に欠ける代物だ。蘇我入鹿は皇位を蘇我系の古人大兄皇子《ふるひとのおおえのみこ》（舒明《じょめい》天皇と法提郎女《ほほてのいらつめ》の間の子）に継がせようと考えたため、山背大兄王が邪魔になり、斑鳩宮に兵をくり出した。囲まれた山背大兄王は、馬の骨を宮に投げ捨て、生《い》駒《こま》山に逃げた。焼けた宮から骨がみつかり（馬の骨）、一族は滅んだと思い、兵は引いた（まず、これが不自然。たまたま馬の骨があったということ、馬の焼けた骨をみて一族滅亡と思ったこともありえない。「廏戸皇子の一族だから馬の骨」という『日本書紀』側の安直な発想？）。

生駒山に逃れ、「山背に逃れて挙兵すれば、勝てます」という進言に、「民に迷惑をかけたくない」と退け、一族とともに、山背大兄王は斑鳩に戻り、自滅した。この時代、血族はばらばらに住んでいたわけで、みなをかき集めて自滅を強いたわけだ。史学者の多くは、「聖者らしい潔さ」と褒め称えるが、的外れな感想としか言いようがない。

そもそも山背大兄王は皇位に固執し、ダダをこねるような俗人だった。周囲の親族も、「蘇我の皇族なのだから皇位につけてほしい」と蘇我氏に泣きついていた。これは君子や聖人の行動ではない。

上宮王家滅亡時の『日本書紀』の記事も、神話じみている。天女が伎楽《ぎがく》を奏で、幡《はた》蓋《きぬがさ》が垂れ下がり、神々しい光景の中を上宮王家たちが登って行ったといい、蘇我入鹿がふり返ると、黒い煙になってしまったという。

それよりも不可解なことがある。山背大兄王一族は大勢死んだと記録されているが、彼らがどこに埋葬されたのか、さっぱり分からないし、斑鳩宮、法隆寺の周辺にも、それらしきものがまったく無い。平安時代に至るまで、法隆寺が上宮王家を祀った気配もない。上宮王家は、この世から跡形もなく消えてしまったのだ。これは、なぜだろう。

のちの世になって、聖徳太子と山背大兄王は親子ではなかったのではないかと噂がたったという話がある。実際に、『日本書紀』は両者の親子関係を証明していないし、じつに不可解な人たちだ。

ここで、ひとつの仮説を用意しよう。蘇我入鹿を大悪人に見せかけるために聖徳太子と山背大兄王が創作されたのではあるまいか。蘇我氏の改革事業の業績と手柄を一度蘇我系皇族の聖徳太子に預け、しかも、聖徳太子をこれ以上ないというほどの聖者と称え、その上で、聖徳太子の死後、山背大兄王一族を蘇我入鹿が滅亡に追い込むことで、蘇我入鹿に聖者殺しのレッテルを貼れる。しかも、上宮王家は実在しなかったのだから、物語の中で消えてもらわないと困る。

聖徳太子を異常なほど礼讃する『日本書紀』

聖徳太子は生まれた時から必要以上に礼讃された。生後間もない聖徳太子が言葉を話し、聖《ひじり》の智があったという。これらは中国の歴史書『史記《しき》』から引用されたもので、十人の言葉を一度に聞き分けた話や、飢えた人に施しをしたが、その人は真人《まひと》（道教で真理を会得した人）と見抜いたという話もある。推古二十九年（六二一）春二月に聖徳太子は亡くなるが、王族・群臣・天下の民は嘆き悲しみ、老いた者は愛しい子を失ったようで幼児は父や母を亡くしたかのように泣き、農夫は鋤《すき》を止め、稲つく女は手を休め、泣く子は巷に溢れた。人びとは口を揃え、「太陽も月も輝きを失い、天と地が崩れ去ってしまったかのようだ。これからあとは、いったい誰を頼みにすればよいのだろう」と語り合った。

聖徳太子の師である高句麗の僧・慧慈《えじ》は太子の死を聞いて大いに哀しみ、

「日本国に聖者・聖徳太子がおられます。聖の徳をもって日本に生まれました。太子の亡くなられた今、生きていて何の験《しるし》がありましょう。来年の太子命日に、自分も必ず死に、浄土で太子にお目にかかり、ともに衆生を救いましょうぞ」

と誓い、予言どおり翌年の太子の命日に、慧慈はこの世を去った。人びとは、一人太子のみならず、また慧慈も聖者だったことを知った……。

『日本書紀』の聖徳太子礼讃は、異常であり、他の皇族で、これほど褒め称えられた人物は無い。聖徳太子は即位もしていないし、出家してもいない。現実離れした太子像が、なぜ求められたのだろう。それは、蘇我入鹿を悪人に仕立て上げるためのカラクリであろう。聖徳太子が比類なき聖者であればあるほど、蘇我入鹿の悪人ぶりが際立つ。

そこで改めて注目してみたいのは、蘇我系の『元興寺伽藍縁起幷流記資財帳』と物部系の『先代旧事本紀』の掲げた系譜なのだ。

『日本書紀』や史学者たちから植え付けられた先入観を、まず、ここで取っ払おう。そして、もう一度、系譜を確認しよう。蘇我入鹿を鏡で映すと、聖徳太子がみえてくるという現象を、蘇我系の『元興寺伽藍縁起幷流記資財帳』と物部系の『先代旧事本紀』を重ねることで、確認できる。

物部系の女傑（大々王）の子が蘇我系皇族・聡耳皇子（大王）だと『元興寺伽藍縁起幷流記資財帳』は言う。『先代旧事本紀』にはよく似た人物が登場していた。物部系の女性（物部鎌姫大刀自連公）と蘇我馬子の間に生まれた豊浦大臣だ。この人物と聡耳皇子が、重なって見える。その聡耳皇子が法興寺（飛鳥寺、のちに平城京に遷り元興寺）

建立の責任者だったと『元興寺伽藍縁起幷流記資財帳』は伝えるが、一連の物語が終わったあと、最後の最後に、「じつは」と特記している。これは矛盾ではなく、法興寺を建てた聡耳皇子と蘇我馬子の子を重ねて見せたのではなかったか。この、「本来なら必要のない回りくどいやり方」の裏に、『日本書紀』によって大悪人に仕立て上げられてしまった蘇我氏の執念を見る思いがする。「蘇我系皇族聡耳皇子（聖徳太子）は物部系でもあった」こと、「『日本書紀』の言う廏戸皇子（聖徳太子）は、法興寺を建て、蘇我馬子の子もまったく同じことをしていた」ことを示した。さらに、「『日本書紀』は物部氏と蘇我氏が対立していたと言うが物部氏と蘇我氏は和解していた」ことを示し、それは律令土地制度に物部氏も同意した証であり、だからこそ、律令整備は軌道に乗ったこと、蘇我氏は大悪人でもないし、『日本書紀』の「鏡に映した聖徳太子と蘇我入鹿」のカラクリを、ここで暴露したということではなかったか。

20　大化改新は謎だらけ

改新政府は親蘇我政権

大化改新（六四六）で律令制度は完成しなかった。しかし、時代の大きな節目になったことは間違いない。五世紀後半に雄略《ゆうりゃく》天皇が出現して、改革事業が始まり、律令整備は大宝律令《たいほうりつりょう》（七〇一）によって、完成する。

ここで確認しておきたいのは、蘇我本宗家が滅ぼされたあとの改新政府のことで、彼らは蘇我氏の路線を継承していた可能性が高いことなのだ。

その様子を知るためにも、入鹿暗殺劇の『日本書紀』の記事を追ってみよう

皇極女帝は蘇我入鹿暗殺の功労者で息子の中大兄皇子に皇位を譲ろうとした。しかし、中臣鎌足はこれを諌めた。

「古人大兄皇子《ふるひとのおおえのみこ》や軽皇子《かるのみこ》（孝徳《こうとく》天皇）の二人は年上です。年下の者が即位すれば、謙遜の心に反することになります。しばらくは叔父の軽皇子を立てて、人びとの望みを叶えましょう」

と申し上げた。こうして皇極天皇は、弟の軽皇子に皇位を譲った。即位した孝徳天皇は、「改新之《かいしんの》詔《みことのり》」を発し、改革事業に邁進していったのだ。

問題は、中大兄皇子と中臣鎌足がクーデターの主役で立役者だったにもかかわらず、改新政府の中で活躍しないことだ。それどころか、孝徳朝の人事は、「親蘇我政権」の様相を呈していた。左大臣は阿倍内麻呂《あべのうちのまろ》、右大臣は蘇我倉山田《そがのくらやまだ》石川麻呂《いしかわのまろ》、内臣は中臣鎌足、国博士《くにのはかせ》（政権のブレーン）には旻法師《みんほうし》と高向玄理《たかむこのくろまろ》が登用された。中臣鎌足の内臣は規定のない、いわゆる令外《りょうげ》の官で（そもそもこの時代、まだ律令は整っていないが）、しかも、天皇に近侍するはずの内臣が、一度も孝徳天皇の元で活躍していない。トップに立った阿倍内麻呂は、蘇我氏全盛期に蘇我蝦夷の元で活躍していた阿倍麻呂と同一人物と考えられている。

右大臣の蘇我倉山田石川麻呂に関して、『日本書紀』は「蘇我入鹿を裏切った人物」と決めつけるが、これは嘘だ。史学者の多くは、この記事を信じて、「蘇我本宗家は専横をきわめ、蘇我氏内部からも見放されていた」と、もっともらしい歴史観（『日本書紀』を無批判で信用しているだけ）に固執するが、蘇我入鹿暗殺現場で、蘇我入鹿を油断させるために上表文を読みあげる役目を負わされたという子供じみた設定を、なぜ信じることができるのだろう。中大兄皇子が蘇我倉山田石川麻呂を味方に引き入れることで、蘇我氏全体にクーデターの秘密が露見する危険があったが、その重大さと比べられるような役目ではない（油断させるだけって!!）。ブレーンになった顔ぶれも、親蘇我派だ。中大兄皇子と中臣鎌足が師事していた南淵請安《みなぶちのしょうあん》は、無視されている。

孝徳天皇は難波長柄豊碕宮《なにわのながらのとよさきのみや》遷都を急いだが、この宮はのちの新益京《あらましのみやこ》（藤原宮《ふじわらのみや》）の原型となる都城《とじょう》の先駆けだった。律令制度は土地改革で、全国の農地を均等に区画する必要があった。その物差しの原器が都城で、難波長柄豊碕宮が、規準になるはずだった。だから、都づくりが急がれたのだ。

問題は、遷都に際し、人びとが「そういえば、ネズミが移動していたのは、遷都の予兆だったのか」と語り合っているが、ネズミの移動は蘇我入鹿存命中のことであり、孝徳天皇は蘇我入鹿の遺志を継承したことになる。

そもそも孝徳天皇自身が親蘇我派だったのではないかとする説もある。上宮王家滅亡事件が実際に起きていたかどうか、じつに怪しいのだが、『扶桑略記《ふそうりやつき》』には、入鹿の軍勢の中に軽皇子が参戦していたとある。孝徳天皇の御陵は、蘇我系皇族が眠る磯長谷《しながだに》（大阪府南河内《かわち》郡太子町・河南《かなん》町・羽曳野《はびきの》市）に造られている。六世紀から七世紀の蘇我系豪族や蘇我系皇族は、名に「豊」の字を冠することが多いが（豊聡耳《とよとみみのみこ》皇子、豊御食《とよみけ》炊屋姫《かしきやひめ》、豊浦大臣など）、孝徳天皇の諡号《しごう》も「天万豊日天皇《あめよろずとよひのすめらみこと》」である。

中大兄皇子と中臣鎌足は本当に英雄だったのか

史学者の多くは無視するが、蘇我入鹿が祟っていた事実も、興味深い。ただし『日本書紀』は、蘇我入鹿が恐れられていたことを、ほのめかしているが、明記はしていない。他の文書が蘇我入鹿の祟りを明示している。

斉明元年（六五五）と言うから、乙巳《いっし》の変で蘇我入鹿が殺され、孝徳天皇が即位し、その後改革事業もなかなか進まず、失意の中、孝徳天皇が崩御して皇極が重祚《ちょうそ》（一度即位した天皇がいったん譲位し、のちに再び即位することをいう）した時のことだ。『日本書紀』に、次の記事がある。

唐人《もろこしびと》に似た青い油笠をかぶった異形《いぎょう》の者が、竜に乗って葛城山から生駒山に飛び、さらに昼頃、西に飛んで住吉の松嶺《まつのみね》の上から再び西に向かって飛んでいった……。

古くは、「笠をかぶる人」は、恐ろしい鬼とみなされていた。さらに斉明七年（六六六一）に、斉明天皇は百済救援のために朝倉橘広庭宮《あさくらのたちばなのひろにわのみや》（福岡県朝倉《あさくら》市）に滞在していたが、その時、鬼が現れていた。

五月九日、宮を造るために神社の木を切り払った。すると雷神が怒り、建物を直撃し宮の中に鬼火（人魂？）が現れた。このため、多くの近習《きんじゅう》の者が病死してしまった。

斉明天皇もこのあと亡くなるが、天皇の葬儀の場面で、朝倉山の上から大笠をかぶった鬼が葬儀の様子を見ていて、みな怪しんだとある。

斉明（皇極）天皇の時代に現れた鬼、何者だろう。『扶桑略記』は、「蘇我豊浦大臣《そがのとゆらのおおおみ》の霊」と断言している。『先代旧事本紀』に従えば、豊浦大臣は蘇我入鹿をさす。

皇極天皇は蘇我入鹿暗殺の目撃者だ。蘇我入鹿は「私になんの罪があるのか」と、皇極に問いただしている。その光景を思い出して、斉明天皇は震え上がったのだろうか。要は、改革派の蘇我入鹿を殺したことに、人びとは後ろめたい思いを抱いていたのだろう。恨まれる暗殺であり、祟られると、誰もが感じていたのだろう。だから、天変地異や異変が起きると、「蘇我入鹿の祟りにちがいない」と、感じたのだろう。

中臣鎌足の最晩年、彼の館に落雷があったと『日本書紀』は記録する。その直後に中臣鎌足は死ぬが、この落雷記事も、「鬼の蘇我入鹿」、「蘇我入鹿の祟りに恐怖する中臣鎌足」を連想させる。ただ、『日本書紀』は「蘇我入鹿の仕業」とは書かなかった。書けば、罪なくして蘇我入鹿が殺されたことが露顕してしまうからだ。

中大兄皇子と中臣鎌足に正義はなかった。だからこそ、孝徳政権で干されたのだ。活躍していたと多くの史学者は信じているが、「クーデターの首謀者だから、主導権を握っていたはず」という思い込みがあるからだ。『日本書紀』は「中大兄皇子は皇太子に」「中臣鎌足は内臣に」と記録するが、政権にとって有益で具体的な行動は、ほぼない。中大兄皇子の場合、「謀反の標的になった」「謀反を起こした者はみな、返り討ちにしてやった」という説話ばかりが目立つ。これまでの常識を、一度疑ってみる必要がある。中大兄皇子と中臣鎌足は本当に英雄だったのだろうか。

第五章　改革と動乱の時代

21　白村江の戦いと中臣鎌足の失踪

中臣鎌足の謎

乙巳《いっし》の変（大化改新《たいかのかいしん》）最大の謎は、中大兄皇子《なかのおおえのみこ》（天智天皇《てんぢ》）と中臣《なかとみの》（藤原《ふじわらの》）鎌足《かまたり》の目的だ。なぜ、蘇我入鹿《そがのいるか》を殺したのかである。

王家の力を相対的に強めてきた蘇我氏を、なぜ王家が目の仇にする必要があったのだろう。もっとちがう理由があったのではなかったか。

理由は二つあったと思う。中大兄皇子と中臣鎌足、それぞれに事情があったと思われる。

中大兄皇子の場合、中臣鎌足にそそのかされたことも大きかっただろうが、根本には、「蘇我を潰さなければ、即位できない」という危機感があったのだろう。特に、「弟に皇位をさらわれたくなかった」があったと思う。弟とは、大海人皇子《おおあまのみこ》で、のちの天武天皇《てんむ》だ。そして中大兄皇子と仲が悪かった。

大海人皇子は改革派で、親蘇我派だった。

中大兄皇子は蘇我入鹿暗殺の計画を練っていた時、「ひとりでも多くの味方を」と考えていたが、一度たりとも大海人皇子の名を挙げなかったし、暗殺現場に大海人皇子の姿はなかった（それどころか『日本書紀』は大海人皇子の前半生をまったく記録していない）。仲がよければ真っ先に弟を頼っただろう。大海人皇子は「蘇我氏の希望の星だった」のではなかったか。

乙巳の変ののち、孝徳《こうとく》天皇→斉明《さいめい》天皇→天智天皇（中大兄皇子）→天武天皇（大海人皇子）の順番で皇位は継承されていく。大海人皇子は天智天皇の皇太子に指名されていたが、天智は最晩年、息子の大友皇子に皇位を継がせようと考えた。身の危険を察知した大海人皇子は吉野に遁世《とんせい》して、直後に壬申《じんしん》の乱（六七二）が勃発し、勝利を収めるのだが、大海人皇子を支え続けたのは、蘇我系豪族たちだった。だから、乱を制すと大海人皇子は、蘇我氏の地盤・飛鳥《あすか》に都を戻している。

大海人皇子の母・皇極《こうぎょく》天皇が即位した時、世は蘇我本宗家の絶頂期だった。『日本書紀』は、落とし物を盗人も拾わないほど蘇我氏は恐れられていたと表現する。誇張はあるだろうが、蘇我氏が権力を握っていたことはたしかで、キングメーカーでもあった。とすれば、皇極女帝が親蘇我派で、その息子の大海人皇子も蘇我氏と親しかったことは十分に考えられるし、それが自然だと思う。実際、大海人皇子が吉野に隠棲する直前、天智天皇は大海人皇子に「禅譲の意志」を伝えるが、「気を付けて下さい」と忠告したのは蘇我安麻呂《そがのやすまろ》で、『日本書紀』は、二人はかねてより昵懇《じっこん》の間柄だったともらしている。とすれば、蘇我入鹿殺しは、蘇我氏が大海人皇子を「依怙贔屓《えこひいき》」したから中大兄皇子が嫉妬したのであり、批判でもあっただろう。要は、自身が即位したかっただけなのだろう。

ならば、中臣鎌足の場合はどうだろう。この人、人質として来日していた百済《くだら》王子・豊璋《ほうしょう》ではなかろうか。根拠は、いくつもある。

たとえば、豊璋の来日後、中臣鎌足は忽然と歴史に姿を現す。無位無官なのに、神祇《じんぎ》伯《はく》（神道を統率する者）に任命された。この時代、まだ「神祇伯」という地位もなかった。そして中臣鎌足は、それを辞退してみせた（『日本書紀』の茶番である）。

中臣鎌足の時代、百済は一度滅亡し、復興を成し遂げようと、百済遺民が立ちあがり、日本から豊璋を呼びもどし王に立てた。豊璋はもともと有力な王位継承候補ではなかったが、日本暮らしが長かったために、この人物を立てればヤマト政権が加勢してくれると踏んだのだろう。

ちなみに、蘇我入鹿殺しと外交戦は密接にからんでいたと思われる。と言うのも、事件を目撃した古人大兄皇子は、自宅に戻り「韓人《からひと》（外国人）が入鹿を殺した、胸が張り裂けそうだ」と叫んでいて、『日本書紀』は、「韓人」について、これは「韓　政《からのまつりごと》（外交問題）」のことと言っている。

ヤマト政権の外交は、長い間「親百済」で、その中心に立っていたのが物部氏だが、中臣氏も親百済派だった。ところが蘇我氏が実権を握るころになると、全方位外交が始まっている。動乱の朝鮮半島の中で、百済はヤマト政権の方針に、驚いただろうし、再び親百済政権を打ち立てようと必死にロビー活動を展開していたにちがいない。そしてその延長線上に、蘇我潰しがあったと思われる。

ところで、入鹿暗殺の直後から、孝徳天皇は中国に使者を遣わす際、百済を経由する「近道」をやめ、わざわざ不便な朝鮮半島東南部の新羅《しらぎ》を経由するルートに変更している。蘇我入鹿は百済系の誰かに殺されたとみなすべきだ。そして、激怒した孝徳天皇は、新羅ルートを選択し、「百済スルー」を始めたのだろう。親蘇我派の孝徳天皇の最晩年、中大兄皇子は多くの役人を率いて、飛鳥《あすか》遷都を強行してしまった。そして、母・斉明天皇を立てて、実権を握ると、「負けるに決まっている」と、みなが非難した百済遠征（唐《とう》と新羅の連合軍との間に交わされた白村江《はくすきのえ》の戦い）に猪突するのだ。親蘇我派の斉明天皇を北部九州に連れて行ったのは、「人質」の意味を兼ねていただろう（拙著『豊璋』河出書房新社）。斉明天皇は北部九州の沿岸部ではなく、内陸部（朝倉市《あさくら》）に幽閉され、ここで亡くなる。鬼が見守っていたのが、この時だ。

中臣鎌足は豊璋？

そして問題なのは、豊璋が百済に戻った直前から白村江の戦い（六六三）が終わるまで、中臣鎌足が『日本書紀』から消えてしまうことなのだ。中臣鎌足は豊璋となって、百済に帰っていたのではなかったか。歴史上「織冠《しょくかん》」を授けられたのは、豊璋と中臣鎌足だけなのだ。

ちなみに豊璋は、いざ決戦というその直前、自国民が立てこもる城を抜けだし、倭の水軍の中に紛れ込んで、行方不明になってしまう。「高句麗《こうくり》に逃げた」「唐につかまった」「行方不明になった」と、情報は錯綜している。日本暮らしが長かった豊璋は、倭の水軍とともに日本に戻り、中臣鎌足として活動を再開したのだろう。百済の北側の領域はすでに新羅が奪い取っていたから、高句麗に逃げることは困難だった（海岸線も含めて）。

中臣鎌足と豊璋をつなぐ証拠は、いくつかある。

戦いの直前、豊璋は優秀な百済の部下（鬼室福信《きしつふくしん》）を妬み、殺してしまうが、その首を「醢《すし》」にしている。塩漬けにして晒したのだが、このような風習は、当時日本にはなかった。ところが蘇我倉山田石川麻呂《そがのくらやまだいしかわのまろ》は無実の罪で滅亡に追い込まれたあと、屍《しかばね》を塩漬けにされた可能性が高い（拙著『藤原氏の正体』新潮文庫）。やったのは、蘇我氏を憎んでいた豊璋（中臣鎌足）だろう。

昭和九年（一九三四）四月、大阪府茨木市《いばらきし》と高槻市《たかつきし》にまたがる阿武山《あぶやま》（標高二八一メートル）の山頂付近に、京都大学が地震観測施設を建設しようとした。すると、偶然七世紀の墓がみつかったのだ。土盛りがない、日本には珍しいもので、当然、ここに墓があるとは、誰も考えていなかった。この様式は、百済の王墓とそっくりだ。

発掘してみると、漆塗りの棺の中にミイラ状の老人の遺体が横たわり体の半分と髪の毛、皮膚の一部、衣装が残っていた。中臣鎌足ゆかりの地だったので、内務省が憲兵隊を派遣し、すぐに埋め戻してしまった。ところが昭和五十七年（一九八二）に遺跡の写真と遺体のX線写真が（こちらも偶然）見つかった。冠らしきものも見つかっていて、調べてみると、韓国の王墓にそっくりな冠が存在したことが分かった。縁に金糸で刺繡が施されたもの（白樺冠帽《しらかばかんぼう》）だ。

大化改新で冠位制度が生まれていて、ここから被葬者を絞り込むことができるはずだ。最高の地位の者には「織冠《しょくかん》」が、その次の者には「繡冠《しゅうかん》」が授けられていたことが分かっている。刺繡のある冠はこれだけで、歴史上「繡冠」を獲得した人物はひとりもいなかった。織冠なら、豊璋と中臣鎌足がいる。時代的にも、この二人のどちらかに絞られる。ただし、『日本書紀』は「豊璋は高句麗に逃れた」と言っているのだから、中臣鎌足の墓だろう。しかしそれなら、なぜ百済王墓によく似ているのだろう。

平安時代後期に成立した『大鏡《おおかがみ》』には、中臣鎌足はもともと常陸《ひたちの》国の人で、中臣氏の氏神は鹿島《かじま》に祀られていたと記録する。中臣氏の祖神は天上界でも活躍した天児屋根《あまのこやね》命《みこと》だが、藤原氏はなぜか天児屋根命よりも、鹿島《かしま》神宮（茨城県鹿嶋《かしま》市）と香取《かとり》神宮（千葉県香取市）の武甕槌《たけみかづちの》神と経津主《ふつぬしの》神を重視している。奈良時代に二柱の神を勧請し、春《かす》日大社《がのたいしゃ》（奈良市）や枚岡《ひらおか》神社（大阪府東大阪市）で祀《まつ》りはじめたのだ。

このことから、中臣鎌足鹿島出身説は根強い人気があり、多くの史学者が、この考えを支持している。

しかし、『日本書紀』がせっかく構築した「中臣氏の祖神は天児屋根命」という神話を無駄にして、奈良時代の藤原氏は「武甕槌神や経津主神」にこだわったわけで、それはなぜかと言えば、こちらの方が地位の高い神だったからだろう。彼らは純粋に中臣氏の末裔ではなかったから、簡単に氏神を入れ替えられたのである。

ちなみに、関東の東側の交通の要衝に武甕槌神と経津主神をもちこんだのは、物部氏と考えられている。また、鹿島神宮の周辺の古い神社の中には、「藤原進出以前と以後の鹿島神宮は別物」と、伝わっている。

22　民衆に罵倒されていた中大兄皇子

『日本書紀』は誰のために書かれたのか

『日本書紀』は天皇家の正統性を証明するために書かれたとみな信じているが、これが大きな間違いだ。『日本書紀』編纂時の権力者は藤原不比等で、だから、中臣鎌足は古代史最大の英雄になった。

「中大兄皇子も礼讃されているではないか」

と思われるかもしれない。しかし、少し奇妙だ。説明しておこう。

中臣鎌足は蘇我氏の専横に危機感を抱き、ともに蘇我氏を倒せる人物を探し求め、まず軽皇子《かるのみこ》に接触したとある（無位無冠の人物が、有力な皇位継承候補とすぐ親しくなったという話も、胡散臭いのだが）。軽皇子は中臣鎌足を大切に扱ったが、中臣鎌足の本命は中大兄皇子だった。するとこのあと、槻《つき》の木（ケヤキ）の下で催された打毬《うちまり》（蹴《け》鞠《まり》）でチャンスをつかんだ。中大兄皇子の沓《くつ》が脱げ、それをすかさず拾い上げたのだ。意気投合した二人は、南淵請安《みなぶちのしょうあん》の元に通い、クーデターの策を練り上げたのだった。

ここでまず、疑念が浮かぶ。それは、『日本書紀』が天皇のために書かれたのなら、中大兄皇子や軽皇子が「できる人物」を物色し、抜擢したと記すだろう。ところが、中臣鎌足が「できる皇族を天秤にかけた」と言っている。これは、ありえない話だ。くり返すが、無位無冠の男が、二人の有力皇位継承候補を比較して、中大兄皇子を選んでいる。王家からすれば、「中臣鎌足、何様のつもりなのか」と、突っ込みを入れたくなるところだろう。やはり『日本書紀』の記述はおかしい。

まだある。

蘇我入鹿暗殺現場の話も不自然だ。中大兄皇子は、刺客たちがなかなか斬りかかろうとしないので、自ら剣を抜き、蘇我入鹿に斬りかかった。その時中臣鎌足は何をしていたかというと、後ろの方で、弓をもって高みの見物をしゃれ込んでいた。中大兄皇子が命がけで闘っている時に、無位無官の中臣鎌足は、一番安全な場所にいたわけだ。これは、ありえない話ではないか。

『日本書紀』は中大兄皇子に対して、敬意が足りない。斉明天皇の元で中大兄皇子は必死になって百済救援を敢行しようとした。その一環で、飛鳥周辺で土木工事が行なわれた。溝を掘り、運河を造ったが、造ったそばから壊れるだろうと人びとは罵り、「狂心《たぶれごころ》の渠《みぞ》」と非難された。さらに、遠征のための船を造らせたが、不吉なことが起きて、人びとは「戦いに負ける前兆だ」と、噂した。白村江《はくすきのえ》の戦いに敗れたあと、中大兄皇子は近江遷都を敢行するが、天下の百姓《おおみたから》は遷都を願わず、諷刺して非難し、童謡《わざうた》（政治的目的で流行った歌）をうたう者が多かった。日ごと夜ごと不審火が相次いだ。古代史の英雄・中大兄皇子なのに、これほどコケにしてよいのだろうか。

本当に『日本書紀』が天皇家のために記されたのだとしたら、これらの記事は、もっと別の形に書き改めていなければおかしい。藤原不比等の意地の悪さを感じてしまう。藤原不比等は、『日本書紀』の中で中臣鎌足を顕彰したかったのであって、中大兄皇子のことなど、どうでもよかったのではあるまいか。

『日本書紀』は、天皇家のために書かれたのではないことは、間違いない。

聖徳太子を鬼あつかいした『日本書紀』

すでに触れたように、『日本書紀』は聖徳太子を必要以上に礼讃した。それは、蘇我入鹿をとことん悪く見せかけるためだったが、その一方で、聖徳太子を鬼あつかいもしている。

物部守屋《もののべのもりや》を討ち取ったのは蘇我馬子《そがのうまこ》だが、それまで戦線は膠着していた。これを打開したのが、聖徳太子だった。すでに述べたように、聖徳太子の髪型は束髪於額《ひさごはな》で、これは童子を意味していた。童子は鬼なのだから、『日本書紀』は聖徳太子を鬼あつかいしていたことになる。

実際法隆寺や聖徳太子を祀る寺には、たいがいの場合聖徳太子孝養像《きょうようぞう》や童子姿の聖徳太子を祀る。梅原猛《うめはらたけし》は聖徳太子と童子のイメージが結びつくのは、山背大兄王《やましろのおおえのみこ》の一族の中に幼い子供がいっぱいいて、その供養のためではないかと指摘しているが、これは、誤解だ。「聖徳太子は鬼」と言いだしたのは『日本書紀』である。

『上宮聖徳法王帝説《じょうぐうしょうとくほうおうていせつ》』の中に、法隆寺金堂《ほうりゅうじこんどう》の本尊・釈迦《しゃか》三尊《さんぞん》の光背銘《こうはいめい》が記録されている。そこには、推古《すいこ》二十九年（六二一）十二月に聖徳太子の母が亡くなったこと、その名が「鬼前《かむさき》」だったと記されている。『日本書紀』によれば、聖徳太子の母は穴穂《あなほ》部間人皇《べのはしひとのひめ》女《みこ》だが、なぜここで、奇妙な名がでてきたのだろう。なぜ、聖徳太子の母の名に「鬼」の文字が冠せられていたのだろう。

『上宮聖徳法王帝説』は、次のように説明する。

「鬼前大后《かむさきのおおきさき》というのは、聖徳太子の母のことで、穴穂部間人皇女だ。鬼前というのは、神のことだ。穴穂部間人皇女の弟の崇峻《すしゅん》天皇の宮が神前宮《かむさきのみや》だったから神前皇后の名になったのではないか」

しかし、これは説明になっていない。崇峻天皇の宮が神前宮なら、穴穂部間人皇女も「神前大后」と呼べばよいものを、わざわざ「鬼前」と呼ぶ必要がどこにあったと言うのか。

すでに触れたように、日本人にとって神は、本来鬼で、神と鬼は鏡に映した表と裏なのだ。だから、この理屈は分かる。しかし、物部氏や蘇我氏らヤマトの古い豪族が衰退していくとともに、「鬼（神）」は零落し、「モノ」と呼ばれていた「鬼」は、「オニ」と呼ばれ、蔑視されていく。とすれば、「神」をあえて「鬼」にすり替えたところに、大きな意味が隠されているはずなのだ。やはり、聖徳太子の一族は、「鬼」とみなされていたわけである。

法隆寺最大の祭りに聖霊会《しょうりょうえ》があって、そのクライマックスに登場するのが、蘇莫者《そまくさ》だ。蘇莫者は唐人風の衣装をまとい、長い白髪と面で顔を覆い、蓑を背負っている。この時、「太子（聖徳太子のことだろう）」は笛役《ふえやく》として舞台の隅に登場し、蘇莫者の乱舞をはやしている。『聖徳太子伝私記《しょうとくたいしでんしき》』によれば蘇莫者は「山神」で、聖徳太子が、法隆寺から四天王寺（大阪市天王寺区）に向かう途中、椎坂《しいのさか》で笛を演奏したところ、山神が現れ、舞ったというのである。その舞が伝えられ、「蘇莫者」と言うようになったとある。

問題は、蘇莫者が鬼の格好をしていることで、また、斉明《さいめい》天皇の身辺にまとわりついた鬼にそっくりなことだ。要は、蘇莫者は「蘇我の莫《な》き者」で、蘇我入鹿の亡霊であろう。蘇莫者＝鬼を退治する者は童子で鬼だ。蘇莫者を、笛で鼓舞し、鎮めるのは、太子の役目だ。つまり、やはり太子は鬼を退治できる鬼でもある。

対物部守屋戦は鬼退治で、『日本書紀』はあえて聖徳太子を童子の格好で参戦させたのだろう。そして、大勢の大人が束になっても勝てなかった鬼＝物（モノ）部守屋を、聖徳太子＝童子＝鬼の神通力で、ようやく倒すことができたと記録したわけだ。ただし、これは聖徳太子を英雄視しているのではなく、鬼あつかいしているに過ぎない。『日本書紀』は、王家をリスペクトしているわけではない。聖徳太子は蘇我入鹿を悪役に見せかけるために美化したのであって、王家の歴史を褒め称えるつもりなどなかったことが分かる。聖徳太子という蘇我系の皇族を創作し礼讃したが、一方で鬼あつかいして、蔑視してしまったわけだ。

ちなみに、景行《けいこう》天皇の御子《みこ》で、九州の熊襲《くまそ》征討を命じられたヤマトタケルも、「日本《やまと》童男《おぐな》」と名乗っている。鬼のようなクマソタケルを倒すには、ヤマトタケル（日本童男）が活躍しなければならなかった。『日本書紀』は、鬼のような皇族の姿を記録していたわけだ。

23　蘇我系重臣に囲まれていた近江朝

なぜ弟・大海人皇子に多くの娘を差し出したのだろう

斉明七年（六六一）七月、斉明天皇は朝倉橘広庭宮《あさくらのたちばなのひろにわのみや》で崩御《ほうぎょ》。これを受けて皇太子の中大兄皇子が称制《しょうせい》（天皇の後継者が、即位しないまま政務を取りしきること）。そして天智二年（六六三）八月、白村江《はくすきのえ》の戦いで倭の水軍は唐と新羅の連合軍の前に完敗した。ここから中大兄皇子は、西日本各地に山城を築き、唐と新羅の連合軍の来襲に備えたのだった。

中大兄皇子は悪運が強かった。唐は攻める矛先を、まず高句麗と定め、これを破ると、今度は新羅が独立戦争を始めたのだ。もし仮に唐が「先に日本を叩く」と考えていれば、それこそ日本滅亡の危機だった。当然、中大兄皇子は必死に山城を築いたのだ。

ところで、「大織冠伝《たいしょくかんでん》」（『藤氏家伝《とうしかでん》』）には、天智天皇の世を絶賛している。「大きな事件や災禍はなく穏やかで、長閑な社会だった。飢える人びともなく、豊かだった」と記録する。しかし、これは一方的な主張で、信頼できない。

天智六年（六六七）十一月には、高安城《たかやすのき》（奈良県生駒《いこま》郡平群《へぐり》町）、屋島城《やしまのき》（香川県高松市）、金田城《かなたのき》（長崎県対馬《つしま》市）が完成し、中大兄皇子は近江遷都を敢行した。天智七年（六六八）春正月に、ようやくの思いで即位した。天智天皇の崩御が天智十年（六七一）十二月のことだから、天智天皇の治政は短く、ほぼ、業績らしい業績を残せなかった。われわれの抱く「古代史最大の英雄＝中大兄皇子」は、張りぼてなのだ。そもそも『日本書紀』の記事も、それほど中大兄皇子を礼讃しているわけではなく、勝手に、読み手の側が、想像をふくらませてしまっただけだと思う。

天智三年（六六四）春二月というから白村江の敗戦の直後、中大兄皇子は二十六冠位を制定するが、この時、民部《かきべ》と家部《やかべ》（豪族が私有する部民）を下賜したとある。律令整備のためにようやくの思いで豪族からかき集めた民を、再び元に戻してしまったことになる。このようなご機嫌取りをしなければ、豪族たちはついてこなかったのだろう。改革の逆行が起きていたことが分かる。

すでに述べたように、近江遷都の際、中大兄皇子は罵倒され、不審火が続いた。中大兄皇子の即位を望む者は、一部の反動勢力だけだったかもしれない。それでも、即位できたのは、「密約」があったからだと思う。親蘇我派の大海人皇子を皇太子に立てて、政敵たちを懐柔しようと目論んだ。天智天皇（中大兄皇子）と大海人皇子の仲が悪かったことは、藤原氏の『藤氏家伝』の記事で分かる。

とある宴席で、大海人皇子は槍を床に突き刺し、激怒した天智天皇は、大海人皇子を斬り殺そうとしたが、中臣鎌足が間に入って、事なきを得たという。

『懐風藻《かいふうそう》』の大友皇子（天智天皇の子。壬申の乱で叔父の大海人皇子と争った）を紹介する一節に、奇妙なことが記されている。

唐から来日していた劉徳高《りゅうとくこう》は、大友皇子をさして、日本にいるのはもったいないぐらいの人物だと評価していたという。その劉徳高がある時悪い夢をみた。それは、天の門がからりと開き、朱色の衣を着た老翁《おきな》が太陽（天子の位を暗示）を捧げ、大友皇子に与えようとしたのに、横から人が出てきてそれを奪い去っていったというのである。

そして、その夢を怪しんだ劉徳高は、藤原鎌足に報告する。それに対し鎌足は、「天智天皇崩御のすきに悪者（巨猾《きょかつ》）が現れて、天位を狙おうとするかもしれません。しかし天は公平であり、善行を積む者を必ず助けます。大友皇子が徳を修めているかぎり、災害や異変は別になんの心配もないのです。私に娘がおります。その娘を皇子の後宮に入れていただきましょう」

こうして姻戚関係を結んで皇子を親愛した……。

ここに登場する悪者は、大海人皇子をさしている。中臣鎌足は大海人皇子を巨猾とみなしていたことになるし、当然、天智天皇も大海人皇子を警戒していただろう。

すでに述べたように、大海人皇子は親蘇我派で、だからこそ中大兄皇子は蘇我氏を倒したのだが、ならばなぜ、中大兄皇子は即位後大海人皇子を皇太子に据えたのだろう。

それだけではない。天智天皇は、大海人皇子に大勢娘を嫁がせている。中臣鎌足も、娘を差し出した。計六人の女性が大海人皇子に嫁いだのだ。これに対し、大海人皇子は恋仲にあった額田王《ぬかたのおおきみ》を、天智の元に嫁がせている。数だけをみた場合、天智天皇と中臣鎌足が大海人皇子に気を使っているイメージだ。豪族が王族に女性を差し出すのとは意味が違う。これはいったいどうしたことだろう。

これと関連して、近江朝の重臣の顔ぶれも興味深い。天智十年（六七一）春正月、大友皇子が太政大臣、左大臣は蘇我赤兄《そがのあかえ》、右大臣は中臣金《なかとみのかね》、御史大夫《ぎょしたいふ》（のちの大納言）が蘇我果安《そがのはたやす》、巨勢人《こせのひと》（蘇我系）、紀大人《きのうし》（蘇我系）に任命されていて、蘇我系が過半数を占めている。蘇我本宗家を潰した天智と中臣鎌足の政権なのに、これは不可解だ。しかし、これは謎でもなんでもない。天智と中臣鎌足は古代史の英雄ではないし、近江遷都で不審火が相次いだように、人気は低かった。それはそうだろう。人びとが期待していた蘇我氏の改革事業を潰したのが中大兄皇子と中臣鎌足で、しかも、「負けるに決まっている」とみなが考えた百済救援を強行し、大敗北を喫した。天智と中臣鎌足は、蘇我氏に頭を下げて、娘たちを差し出し、大海人皇子を皇太子にして蘇我氏を大勢取り立てることによって、ようやく政権を立ちあげることができたのだ。

額田王《ぬかたのおおきみ》と大海人皇子の歴史的大事件

『日本書紀』天智七年（六六八）夏五月五日、天智天皇以下、大海人皇子、諸王、群臣《まえつきみ》らが蒲生野《がもうの》（滋賀県東近江市、蒲生《がもう》郡日野町の周辺）に薬猟《くすりがり》（不老長寿の薬となる鹿の角を取り、薬草を摘む儀式的な行楽）を行なっている。その様子が、万葉歌になっている（巻一―二〇～二一）。額田王と大海人皇子のやりとりだ。

あかねさす紫野《むらさきの》行き標野《しめの》行き野守《のもり》は見ずや君《きみ》が袖振《そでふ》る

紫野を行き、標野を行って、野守に見られていないでしょうか、いや、見ているじゃないですか、あなたが手を振っているのを……。
　これに大海人皇子が応えて歌っている。

　紫草《むらさき》のにほへる妹を憎くあらば人妻ゆゑにわれ恋ひめやも

　ムラサキ草のように照り映えるあなたを、もし憎いと思っていたら、人妻と知りながら、どうして恋などしましょうか……。
　きわどい歌なのだ。額田王は天智天皇に嫁いでいる。それにもかかわらず、大海人皇子は手を振っている。古代人にとって手を振ることは、大きな意味があった。魂をやりとりするしぐさだからだ。それを野守に見られてしまって、という話は、「スキャンダルになってしまいます」と、たしなめていたのだ。しかもこの歌、薬猟のあとの宴席で歌われている。天智天皇の目の前で、「大海人皇子は手を振っていましたけど」と、額田王はしゃあしゃあと、言ってのけた。恥をかき、激怒したであろう天智天皇だが、大海人皇子も「人妻と知っているが、好きだ」と、あっさり述べている。だから、通説は、「宴席の余興」「戯れ事」と、解釈してお茶を濁してしまった。しかしその推理は、天智天皇の大海人皇子の不仲を軽視している。二人は政敵なのだから、額田王の歌は、「しゃれにならない」のである。額田王は、「大好きなのに政略結婚の道具にしたな」と、不満を抱いていたのだろう。そして大海人皇子は、その気持ちに応えた。

ただこれは、命がけだった。天皇を侮辱したから、殺されかねない。それにもかかわらず、大海人皇子はなぜここで、賭けに出たのだろう。

答えは簡単だと思う。天智政権は蘇我系人脈に溢れていた。もし仮に天智天皇が大海人皇子を斬り殺そうとすれば、その場で蘇我系の重臣たちに取り囲まれ、返り討ちになっていた可能性も高いのだ。それを知っていたからこそ、額田王も意地を見せたのだろう。この二首が詠われた時の群臣のポーカーフェイスと、顔を真っ赤にして震えている天智天皇を想像するだけで、痛快になる。古代史最大の見せ場と言っても過言ではない。

24　壬申の乱でなぜ大海人皇子は勝利できたのか

なぜ蘇我氏は大海人皇子に荷担したのか

『日本書紀』が秘匿したかった歴史のひとつが、壬申《じんしん》の乱（六七二年）だ。乙巳《いつし》の変と壬申の乱は、古代史を解き明かす上でもっとも大切な事件と言えよう。『日本書紀』が、必死になって二つの事件の真相をごまかしてしまった。

事件の発端は、天智十年（六七一）九月のことだった。天智天皇が病の床に臥せったのだ（この時、中臣鎌足はすでにこの世の人ではない）。天智は蘇賀安麻侶《そがのやすまろ》を遣わし、大海人皇子を大殿に呼び寄せた。この時安麻侶は、ひそかに大海人皇子に向かって「言葉に気を付けられますように」と、忠告した。大海人皇子はこの一言で、天智に何やら計略があることを知ったという。すでに述べたように、蘇賀安麻侶と大海人皇子は、かねてから昵懇《じっこん》の間柄にあった。

では、天智天皇は何を言いだしたのだろう。大海人皇子に、禅譲しようと言う。しかし、大海人皇子は断った。

「私は病身で、激務に耐えられません。私は出家して、陛下のために功徳を積もうと思います」

こう言って武器を捨て、僧形となり、吉野《よしの》宮に隠棲した。この様子を見て、「虎に翼を着けて放ったようなものだ」と嘆いた者もいたという（大海人皇子が首を縦に振れば、謀反の濡れ衣を着せて殺すつもりでいたのだろう）。

十二月に、天智天皇崩御。翌年の六月、情勢は一気に変化する。大海人皇子は「近江朝の人びとは兵を集め、私を殺そうとしている」と、わずかな身の回りの世話をする者だけを集めて、東国に逃れたのだった。不破関《ふわぜき》（関ヶ原）を先に制した大海人皇子の軍勢が、一気に近江朝を潰してしまうのだが、大海人皇子が東国に逃れたと近江の都に報告があった瞬間、人びとは逃げ惑ったという。なぜ、わずかな人数しかいない大海人皇子の軍勢を、近江朝の人びとは恐れたのだろう。

大友皇子敗北の直接の原因は、正面部隊同士の対決の直前、近江の軍勢が空中分解してしまったことだ。副将格の蘇我果安《はたやす》が、総大将の山部王《やまべのおおきみ》を殺してしまったのだ。この裏切り行為によって、近江勢は一気に敗走した。

なぜ、蘇我氏は大海人皇子に荷担し、大友皇子を裏切ったのだろう。これは、もはや謎でもない。

最初から親蘇我派と天智政権は水と油で、それでも手を組んだのは、白村江の戦いの結果、日本が滅亡の危機に瀕していたからである。この時九州に滞在していた唐の使者は、大海人皇子が吉野に隠棲しておとなしくなったことを見届けて、九州から日本を離れている。唐は新羅が反旗を翻したため、天智天皇に「味方に付け」と、釘をさし、もともと親百済、反新羅派だった天智は、唐の誘いに乗ったにちがいない。これに対し大海人皇子は親蘇我派だから、むしろ新羅との相性がいい。唐も警戒したのだろう。唐の使者が九州を離れたあと大海人皇子が東国に逃れているのは、偶然ではあるまい。

尾張氏と大海人皇子の関係

また『日本書紀』は、壬申の乱の詳細を記録しているように見せかけて、大切な事実を隠匿している。それが、尾張《おわり》氏のことだ。

大海人皇子が少人数で東国に逃れただけで近江朝は動揺していたが、その理由を通説は、美濃《みの》国（岐阜県南部）に大海人皇子の経済的基盤、直轄領（湯沐邑《ゆのむら》）があったからだと推理する。たしかに、大海人皇子は広大な土地を手に入れていた。濃尾《のうび》平野の西側、長良《ながら》川と揖斐《いび》川にはさまれた六つの郷とその北側の池田郡の一帯の豊かな土地だ。

しかし、もっと大きな理由があったと思う。乱の趨勢がまだはっきりと分からない段階で、東海の雄族・尾張氏が大海人皇子を歓迎し、行宮《あんぐう》と軍資を提供していたのだ。しかもこの事実を、『日本書紀』が綺麗に抹殺してしまったところに、事の本質が隠されていると思う。

ちなみに、なぜ抹殺されてしまった歴史が再現できたかというと、『日本書紀』の次に記された正史『続日本紀《しょくにほんぎ》』がばらしてしまったからだ。『続日本紀』霊亀《れいき》二年（七一六）四月条に、壬申の年の功臣の子らに田を賜った記事があり、尾張大隅《おわりのおおすみ》の子・稲置《いなき》の名がみえる。さらに、天平宝字《てんぴょうほうじ》元年（七五七）十二月に、尾張大隅の壬申の乱における行動が記録されていた。大海人皇子が吉野から逃れ、東国に入った時、大隅は大海人皇子を迎え出て導き、自宅を掃き清めて行宮（仮宮《かりみや》）として、軍資を供与した。その功績はじつに重大だというのだ。

この時点で、大海人皇子が勝利できるかどうか、まだ分からない。近江朝を敵に回してしまった大海人皇子を、尾張氏はなぜ「勝てる」と踏んだのだろう。そうではなく、大海人皇子と尾張氏は、もともと強く結びついていたようだ。『日本書紀』朱鳥《あかみとり》元年（六八六）九月条に、天武天皇崩御のあと、殯《もがり》の宮で誄《しのびごと》が奉られたと言い、まず大海宿禰《おおあまのすくね》蒭蒲《あらかま》が壬生《みぶ》（皇子の養育役をさす）のことを言上した（幼少時代の話をした）とある。ここから、大海人皇子の乳母《めのと》は凡海《おおあま》（大海）氏で、だから大海人皇子の名になったと考えられている。そして、大海氏は、尾張氏と同族だったようだ。しかも継体天皇の出現に尾張氏が活躍していたことはすでに触れてあるが、その後蘇我氏と密接な関係を築いていたことが、『日本書紀』から分かる。宣化元年（五三六）夏五月の条に、飢饉に備えて各地から筑紫に穀物を運ばせた話があって、物部氏と阿倍氏は身内（親族）を使役しているが、蘇我氏は尾張氏を遣わしている。六世紀半ばに、尾張氏は蘇我氏に従属していたかのような記事なのだ。蘇我氏も越と強く結ばれていたのだから、当然かもしれない。この強い関係が、大海人皇子の人脈を形成していったのだろう。

そして、ここで重要なファクターは、「東国」だと思う。

これまで古代の東国のイメージは「遅れた地域」だった。しかし、古墳時代後期の六世紀に、日本各地で作られた大型前方後円墳（六〇メートル以上）は、二一六基と、関東地方がもっとも多い。畿内の三九基と比べても、断トツだ（ちなみにヤマトは二〇）。関東は、急速に力をつけていたのだ。しかも、物部氏が枝族《しぞく》や渡来系豪族を信州や関東に次々と入植させ、開拓していった。蘇我氏も、このあとを追っている。政権にとって、東国は重要な経済的、政治的基盤に発展していたのである。

そして、壬申の乱は、東国の底力をみなに知らしめた大事件だったと言っても過言ではなかった。

八世紀以降、都で不穏な動きがあると、必ず三関固守《さんげんこしゅ》が行なわれた。三関とは、伊勢《いせ》国鈴鹿《すずか》（三重県亀山《かめやま》市）・美濃《みの》国不破《ふわ》（関ヶ原）・越前《えちぜん》国愛発《あらち》（福井県敦賀《つるが》市南部の旧愛発村と滋賀県高島郡マキノ町との境にある有乳《あらち》山付近）でこの東側が古代の関東（東国）だった。そして政権側は、謀反人が東国に抜けて連絡を取り合い、東国の軍勢が都に押し寄せることを恐れたのだ。

そもそもヤマト建国でさえ、東のパワーを抜きにしては考えられなかったのだ。近江や東海に生まれた前方後方墳（前方後円墳ではない）は、いち早く東国に伝播し、その後西日本にも広まっていった。そして東海と近江の勢力は、奈良盆地の東と東南のへりに進出していた。この一連の動きに恐怖した吉備と出雲がヤマトに乗り込んで、ヤマト建国の気運は一気に高まったのだ。とすれば、ヤマト建国の最大の要因は、「東国の発展」であり、奈良盆地は、西側に突き出た東国だったのである。

壬申の乱における大海人皇子の勝利は、必然だったのだ。大海人皇子は蘇我氏に後押しされ、蘇我氏は大友皇子を裏切り、大海人皇子は東国の尾張氏を頼り、尾張氏は東国の軍勢を用意して待っていたのだろう。甲斐（山梨県）の騎馬軍団も壬申の乱に参戦していたようだ。

乱を制した大海人皇子は、近江の都を捨て、蘇我氏の地盤である飛鳥に移った。

こうして、紆余曲折を経て、乙巳の変、孝徳天皇の崩御によって頓挫していた改革事業は、本格的に軌道に乗ろうとしていたのだ。

25　律令整備と皇親政治の謎

天武天皇の治政

天武二年（六七三）二月、大海人皇子は飛鳥浄御原宮《あすかきよみはらの》で即位した。五月、天武天皇は群臣に次のように詔《みことのり》している。

「官人としてはじめて出仕した者は、まず大舎人《おおとねり》（五位以上の官人の子孫、あるいは八位以上の官人から採用された。天皇に仕えて雑事をこなす）として仕えさせよ。そのあと、才能に応じてふさわしい職場を与えよ。婦女は夫のありなしや年齢にかかわらず出資を希望する者は受け入れよ。考課選別は、官人の例と同じに」

さらに天武五年（六七六）四月には、「畿外の人で出仕しようと思う者の中で、臣・連・伴造《とものみやつこ》の子や国造《くにのみやつこ》の子は受け付けるように。ただし、庶民でも、優れた才能があれば、受け入れるように」と命じている。

戦乱のあとの、活発な人事と、新しい風を感じさせる詔だが、天武天皇はここから、左右大臣を置かず、皇族だけで政局を動かす独裁体制を敷いていく。これは皇親体制と呼ばれている。

『日本書紀』の示す天武天皇の治世に、当初劇的な動きはない。天武八年（六七九）五月に、吉野宮に行幸《ぎょうこう》し、天皇、皇后以下、主だった皇子たちが集められ、母親がちがっていても、同母姉弟のように、仲良く行動することを誓約している（吉野の盟約）。この記事の中で、皇后・鸕野讃良《うののさらら》の息子の草壁皇子《くさかべのみこ》が真っ先に登場し、二番目に鸕野讃良の姉・大田皇女《おおたのひめみこ》の子・大津皇子《おおつのみこ》が記録されている。

そして天武十年（六八一）二月、天皇と皇后はともに大極殿にお出ましになり、親王、諸王、群臣を召して詔した。

「私はこれから、律令を定め、法式を改めようと思う。だからともに、作業に取りかかってほしい。とは言っても、急に新しい仕事を始めれば、公事に差し障りが出る。だから、分担して進めてほしい」

さらに、この日、草壁皇子が皇太子に立てられ、「万機《ばんき》を摂《ふさねをさ》めしめたまふ」とある。国政を担わせたのだ。この記事を信じれば、天武朝の律令整備は、草壁皇子を中心に進められていたことになる。

そして三月、川島皇子《かわしまのみこ》（天智天皇の遺児）、忍壁皇子《おさかべのみこ》（天武の子）らに詔して、『帝紀』と上古の諸事を記録して定めるように命じた。これが、『日本書紀』編纂の出発点と考えられている。だから、『日本書紀』は天武天皇のために書かれたと信じられているが、編纂が完了するのは、天武崩御ののちの話だ（編纂を命じてから三十九年後。西暦七二〇）。

問題は、天武十二年（六八三）二月、大津皇子がはじめて朝政《みかどのまつりごと》を執ったとあることで、ベタ記事だが、無視できない。

このころから、本格的に改革事業が軌道に乗っていくのは、偶然なのだろうか。また、草壁皇子と大津皇子、二人のライバルが主導権争いを演じたということなのだろうか。天武十三年（六八四）二月には、信濃（長野県）に副都を造るための視察団が遣わされた。閏四月には、詔して、「マツリゴトの要は軍事にある」と言い、兵術を習得するよう促した。十月には八色《やくさ》の姓《かばね》（真人《まひと》・朝臣《あそん》・宿禰《すくね》・忌寸《いみき》・道師《みちのし》・臣・連・稲置）を制定し、各氏族に新しい姓を下賜し、身分秩序を刷新した。最高位の「真人」は、天皇の近親氏族に与えられ、有力氏族にそれぞれ、その下の姓を賜った。

争乱も混乱も、政変もない平和な時代は、本当に久しぶりなのだ。皇親体制下、順調に改革事業は進捗していたのだろう。天武十四年（六八五）正月には、爵位の呼び方を変え、服制を改めた。三月、諸国の家ごと（有力氏族か）に仏寺を建て、仏像と経を備えて礼拝することを求めた。親蘇我派らしく、仏教帰依《きえ》の方針が前面に打ち出されている。その一方で、娘を伊勢《いせ》斎王《さいおう》に遣わすなど、神道も大切に守っている。

しかしこのあと、次第に天武天皇の体調は崩れていった。朱鳥元年（六八六）六月、占ってみると草薙剣《くさなぎのつるぎ》の祟りと分かり、尾張国の熱田社《あつたのやしろ》に、剣は送られた。天皇は三宝（仏法僧）の力で、病気回復を願った。いろいろな方法で祈禱が行なわれる中、各地で不審火が続き、また七月には勅が発せられた。

「天下の事は大小を問わず、ことごとく皇后と皇太子に啓上せよ」

いよいよ、天武天皇の病状は悪化したのだろう。鸕野讃良と草壁皇子に政務は委ねられたと『日本書紀』は言う。そして、九月九日、天武天皇は崩御された。

罪なくして殺された大津皇子

天武天皇の時代の『日本書紀』の記事は穏やかで、むしろ「本当にこんなにのっぺりした時代だったのか」と思わせるほど、ほぼ、なにも事件らしい事件がない。しかし、だからといって、謎が皆無というわけではない。たとえば、大津皇子をめぐる問題だ。皇親体制下、「できる皇族」でなければ、改革事業は継続できなかっただろう。『日本書紀』は「まず最初に、草壁皇子が主導権を握った」と言うが、これは、じつに怪しい。「草壁皇子にしか任せられなかった」と思わせる『日本書紀』の記事はなく、他の伝承も見たことがない。『日本書紀』編纂《へんさん》の中心に立っていたのが藤原不比等で、草壁皇子を推していたのだから、礼讃するべきであった。

対する大津皇子は人気があり、優秀だった。これは『日本書紀』も認めている。「立ち居振る舞いが立派で、言葉遣いも優れ、天智天皇にも愛された（大海人皇子が吉野に逃れたのちも、人質として近江朝にいた）成長すると分別があり学問も秀で、文筆を愛された。詩賦《しふ》は大津皇子から始まった……（持統《じとう》称制前紀）」

これに対し草壁皇子の影は薄く、天武天皇崩御ののち即位できないまま二年数ヶ月を無駄に過ごし、持統三年（六八九）四月に亡くなっている。『懐風藻《かいふうそう》』も大津皇子について、次のように記録している。

「大津皇子の容姿は大きく立派で、器宇峻遠《きうしゅんえん》（度量が広い）、幼少時より学問に通じ博覧で、よく文章を綴った。成人してからは武芸をたしなみ、剣の腕前も人並み以上であった。性格は大胆で、小さなことにこだわらず、礼節を以て人に接したため、多くの者たちに支持されていた……」

と、手放しの礼讃である。少なくとも、同様の賛辞を草壁皇子は受けていない。また、漢字を大切にする漢詩集の『懐風藻』が、大津皇子を「太子」と呼んでいることは、無視できない。『簾中抄《れんちゅうしょう》』（平安末期に編纂された「公家のための百科事典」）や『愚管《ぐかん》抄《しょう》』（鎌倉時代初頭の歴史書）には、大津皇子は天武朝で実権を握っていたと記録する。

大津皇子は罪なくして謀反の濡れ衣を着せられて鸕野讃良に殺されるが（詳細はのちに）、大津皇子は皇太子で実権を握っていたからこそ、殺されたのではなかったか。凡庸な皇子なら、生きながらえたのだろう。

しばらく、『日本書紀』の大津皇子謀反をめぐる記事を追う。

九月九日に天武天皇が崩御され、十月二日に大津皇子の謀反が発覚した。大津皇子は捕らえられ、翌三日、訳語田《おさだ》（奈良県桜井市戒重《かいじゅう》）の家で死を賜った。時に二十四歳。妃の山辺皇女《やまのべのひめみこ》は、髪を振り乱して素足で駆けつけ、殉死した。見る者はみな嘆き悲しんだ。事件に連座した者の処罰が行なわれ、十一月十六日に、伊勢神に奉祀《ほうし》していた大伯《おおくの》皇女《ひめみこ》（大津皇子の姉）が都に戻ってきた……。

『日本書紀』のもっとも不審なことは、大津皇子が父の殯《もがり》の時、都にいなかったことをまったく記録していないことなのだ。なぜそれが分かるかというと、『万葉集』に大伯皇女の歌が残されていて、伊勢斎宮に大津皇子がやってきていたことが証言されているからだ。『万葉集』巻二―一〇五と一〇六の題詞に、「大津皇子、窃《ひそ》かに伊勢の神宮に下りて上り来ましし時の大伯皇女の御作歌二首」とある。「窃かに」とあり、目的は書かれていない。ここに大きな謎が隠されているが、『日本書紀』が「せっかくの謀反の証拠になりえたのに無視した」ところに、問題の核心が詰まっているのだろう。

おそらくこういうことではなかったか。ひとつの推理は許されてよいだろう。天武天皇の健康が優れなくなったころから、各地で不審火が続いた。不穏な空気に包まれていたのだ。大津皇子は皇太子だったが、「いざという時のため」に、尾張氏と連絡を取り合い、軍事的な後押しがほしかったのではなかったか。けれども、鸕野讃良は、草壁皇子の即位を願い、皇親体制下の皇后の地位を利用して、大津皇子を捕縛し、有無をいわさず抹殺してしまったのだろう。ここが、古代史のみならず、日本史の大きな曲がり角になったと思う。

大津皇子は罪なくして殺されたから、『日本書紀』は事件の肝心な部分を隠匿してしまったのだろう。

第六章　王朝交替は起きていた？

26　草壁皇子が即位できなかった理由

大津皇子は皇太子だった？

大津皇子《おおつのみこ》謀反事件ののち、草壁皇子《くさかべのみこ》は二年数ヶ月、無為に年月を過ごし、亡くなった。これを受けて鸕野讃良皇女《うののさらら》が即位した（持統《じとう》天皇）。

『日本書紀』は持統天皇即位を「自然の成り行き」のように記すが、それはおかしい。

まず第一に、持統天皇と関わりの深かった薬師寺《やくし》（奈良市）の伝承によれば、大津皇子は亡くなったあと悪竜となって雲に上り、毒を吐いたために、天下が治まらなかったという。要は、大津皇子が崇ったのだ。それは、持統天皇にやましい心があったからだろう。ちなみに、薬師寺の境内の外に建てられた東院堂《とういんどう》の聖観世音菩薩像《しょうかんぜおんぼさつぞう》こそ、大津皇子をモデルにしたのではないかと筆者は疑っている（崇りが恐ろしかったから境内に入れてもらえなかったのだ）。

それだけではない。『万葉集』に「鸕野讃良の敗北」が記録されている。大津皇子抹殺事件（謀反事件とは言いたくない）のあと、斎王《さいおう》の大伯皇女《おおくのひめみこ》（大来皇女）はヤマトに戻ってきたが、『万葉集』巻二―一六五の歌の題詞に、「大津皇子の屍を葛城《かつらぎ》の二上山《ふたかみ》に移し葬《はぶ》る時、大来皇女《おおくの》（大伯）の哀しび傷む御作歌二首」とあって、一度罪人として捨てられるように埋葬された大津皇子を、二上山に移葬したと記している。歌は、「この世の人である私は、明日から二上山を弟と思って眺めよう……」と言っている。ここに、大きな意味が隠されている。

大津皇子の墓と言えば、長い間山頂の雄岳《おだけ》にあると信じられてきた。しかし、山麓の鳥谷口《とりたにくち》古墳（奈良県葛城《かつらぎ》市）の発掘が進んで、こちらが有力視されるようになった。理由はいくつもある。雄岳を大津皇子の墓と考えたのは近世のことだった。だから通説は、「聖地二上山の頂上に罪人の墓を造るはずがない」と、鳥谷口古墳を大津皇子の墓と考えるようになったのだ。

しかし、鳥谷口古墳は麓の平地にあって、「二上山を弟とみなす」と言う大来皇女の嘆きと符合しない。大来皇女は、鸕野讃良の犯罪行為に対し、抗議の意味も込めて、大津皇子を二上山の山頂に葬ったのだろう。鸕野讃良は、逆に追い詰められたと考えた方が、いろいろと説明が可能になる。

『日本書紀』は大津皇子が最有力皇位継承候補だったことを、あらゆる手段を駆使して、抹殺していると思う。逆に、大津皇子の本当の立場を明らかにしているのは、『懐風《かいふう》藻《そう》』と『万葉集』だ。『懐風藻』が大津皇子を太子＝皇太子と呼んでいたことはすでに触れてある。『万葉集』は、ちがう形で、『日本書紀』のウソを暴いている。それが、「石《いし》川郎女《かわのいらつめ》」というトリックだ。

『万葉集』巻二―一〇七〜一一〇は、石川郎女と大津皇子や草壁皇子とのやりとりだ。天武《てんむ》天皇崩御《ほうぎょ》の直後のことだという。

大津皇子、石川郎女に贈る御歌一首
あしひきの山のしづくに妹《いも》待つとわれ立ち濡れぬ山のしづくに（巻二―一〇七）

妹（石川郎女）を待っていると、山のしずくに濡れてしまったと大津皇子は言っている。これに石川郎女が答える。

吾《あ》を待つと君が濡れけむあしひきの山のしづくに成らましものを（巻二―一〇八）

私を待っていて、あなたが濡れたという山のしずくに、私がなれるのならなりたかった……。そして、これに続く歌が、問題だ。陰陽師《おんみようじ》の津守連《つもりのむらじとおる》通が、占いで大津皇子と石川郎女の逢瀬を言い当てていたというのである。

大船《おほぶね》の津守《つもり》の占《うら》に告《の》らむとはまさしに知りてわが二人宿《ね》し（巻二―一〇九）

占いに出ることは承知の上で、二人は寝ているのだという。
ただし石川郎女は、草壁皇子ともつきあいがあったようだ。

大名児《おほなこ》を彼方野辺《をちかたのへ》に刈る草《かや》の束の間《あひだ》もわれ忘れめや（巻二―一一〇）

大名児（石川郎女）をあちらの野辺で刈っている草（萱）の一束の間でも忘れるものか……。大津皇子と石川郎女の逢瀬が露顕して、草壁皇子は石川郎女への恋心を、一層たぎらせたのだろう。

ところで、大津皇子を占った津守連通に関して、密偵のようにつけていたとする説もある（吉永登『万葉――文学と歴史のあいだ』創元社）。歌をそのまま信じれば、そう考えざるを得ないのだが、一連の歌は、事実ではないと思う。『万葉集』編者は、『日本書紀』によって消し去られてしまった大津皇子の本当の立場を、「石川郎女」という仕掛けを駆使して暴露していると思う。

万葉学者は、「石川郎女（女郎）」は、複数の女性と考える。登場する年月が長すぎるのだ。ただし、石川郎女の歌全体を俯瞰すると、「ひとつの物語」が想定されていることに気づかされる。最初はモテモテ、次は、積極的な恋多き女性、最後は、男に言い寄るも振られる哀れな女性である。まるで、ひとりの女性の生涯を追っているような展開になっている。これは、恣意的なのではあるまいか。奈良時代以降、蘇我《そが》氏は「石川」を名乗っていくからだ。「石川郎女」を「蘇我氏そのもの」と考えると、多くの謎が解けてくる。特に、大津皇子と蘇我氏の関係こそ、「石川郎女」がもっとも言いたかった古代史の大ヒントではなかろうか。『万葉集』の中で大津皇子と草壁皇子は、石川郎女を取り合った。しかし石川郎女は草壁皇子を袖にしたのだ。つまり、天武政権下で政権の中枢を担っていたであろう蘇我系豪族は、大津皇子を推していたことになる。とすれば、天武天皇の後継者は、大津皇子であり、だからこそ『懐風藻』は大津皇子を、「太子」と呼んだのだろう。

草壁皇子が岡宮で暮らしていた意味

大津皇子が亡くなったあと、草壁皇子が「日陰の存在」になってしまったことは、『日本書紀』の記事から読み取ることができる。草壁皇子が亡くなるまでの二年と数ヶ月の間、どこで暮らしていたのか、なにも情報が無いのだ。

ところが、『日本書紀』の次に書かれた『続日本紀《しょくにほんぎ》』が、天平宝字《てんぴょうほうじ》二年（七五八）の記事の中で草壁皇子の諡号《しごう》を「岡宮御宇天皇《おかのみやにあめのしたしらしめしすめらみこと》」と明示してしまったために、生前の居場所がつかめることになってしまった。岡宮とは、飛鳥の盆地の東側の息の切れるほどの急坂を登った高台に位置する岡寺《おかでら》だと思われる。

岡寺は大和国高市郡市往岡《たかいちいちきおか》（明日香村岡《あすかむらおか》）にあり、百済《くだら》系渡来人市往氏出身の僧・義淵《ぎえん》と深くかかわっている。『醍醐寺本諸寺縁起集《だいごじほんしょじえんぎ》』に、義淵が国家隆泰と藤原氏の繁栄を願って岡寺を創建したと記す。『扶桑略記《ふそうりやつき》』には、天智天皇《てんぢ》は義淵と草壁皇子を岡本宮《おかもとの》で養育し、のちに義淵は僧正《そうじょう》に抜擢されると、岡寺（龍蓋寺《りゅうがいじ》）を建立したとある。『東大寺要録《とうだいじようろく》』と『七大寺年表《しちだいじ》』は、義淵と草壁皇子は「岡宮」で育てられたと言っている。

岡寺は多武峰《とうの》の中腹に位置する。中大兄皇子《なかのおおえのみこ》と中臣鎌足《なかとみのかまたり》は蘇我入鹿《そがのいるか》暗殺計画を多武峰で密かに進めたと言い、そのため「談山《かたらいやま》（神社）」と呼ばれるようになったという。その「秘密基地から下った飛鳥に向けた最前線が岡宮」なのである。なぜこのような場所に、草壁皇子は居を構え、『日本書紀』はその事実を隠匿してしまったのだろう。

答えは簡単だと思う。蘇我系豪族は、こぞって大津皇子を推していた。だから、鸕野讃良が強引な手口で大津皇子を滅亡に追い込んだことによって、ヘソを曲げたのだろう。草壁皇子は母とともに、岡宮に逼塞し、これをサポートしていたのが、天武朝で干されていた藤原不比等《ふじわらのふひと》であろう。だから、今は中臣鎌足が祀られる談山《たんざん》神社のお膝元で、草壁皇子は細々と暮らしていたのだろう。岡宮は飛鳥の政敵から身を守るために、絶好の場所にあった。『日本書紀』は、「天武天皇の皇太子は草壁皇子」と証言してしまった以上、この草壁皇子と鸕野讃良のピンチを明示できなかったのだろう。

27 『日本書紀』は何を隠してしまったのか

『日本書紀』と藤原不比等

『日本書紀』研究は、飛躍的に進捗した。特に森博達《もりひろみち》の研究が大きかった（『日本書紀成立の真実』中央公論新社）。『日本書紀』全三十巻の執筆者を割り出したのだ。戦前に岡田正之《おかだまさゆき》が手をつけ、ようやく森博達によって、全容が解明された。

『日本書紀』は漢文で書かれているが、巻ごとにクセが違っていたのだ。音韻分析によって、『日本書紀』をα群（正音）とβ群（倭《わ》音）に分類し、そして最後の巻「持統天皇紀」も別の項目に分類した。計三つの部分から、『日本書紀』は構成されている。

α群は、ほぼ正確な漢文だったのに対し、β群には、日本的な誤用（倭習）が残されていた。また、α群にも誤用が認められるが、その部分は、後人の加筆だった。α群の「万葉仮名《まんようがな》」に、いくつかの誤りがある。つまり、α群は中国語を、β群は日本語を母国語にしていた人が、それぞれを書いたことが分かる。しかもα群を書いた人間は、日本語がまったく分かっていない中国人だった可能性が高い。

誰かが指示して、中国人にα群を書かせたことになる。ただし、乙巳《いつし》の変の直前と孝《こう》徳《とく》朝の記事は、正確な漢文で書かれているが、上宮王家《じょうぐうおうけ》滅亡事件や乙巳の変の場面で、蘇我入鹿を大悪人に仕立て上げるため、一度完成していたストーリーに日本人的な加筆が大々的になされているという。しかも杜撰《ずさん》な編纂《へんさん》で、それはなぜかと言えば、編纂の中心に藤原不比等が立っていたこと、藤原不比等の死期が迫ってあわてていたからだと推理した（前掲書）。卓見としか言いようがない。

藤原不比等は、蘇我入鹿を大悪人にしただけではない。いろいろな歴史改竄《かいざん》を行なっている。もちろん、これまで話してきたヤマト建国のいきさつをいくつかの時代に分解してしまった。そして、神話を大きく改変して、八世紀の政権にとって都合のよい話にすり替えている。特に、国母とも言うべき女性の太陽神・アマテラス（天照大神《あまてらすおおみかみ》）を創作した。その動機も、はっきりと分かる。

天武天皇亡き後、草壁皇子が病没すると、正妃だった鸕野讃良皇女《うののさらららのひめみこ》が即位して、持統天皇になった。藤原不比等は、神話の男性の太陽神を女神・アマテラスにすり替え、アマテラスから始まる王家の物語を神話にした。さらに、伊勢に祀られていた男性の太陽神も「女神・アマテラス」と偽り、神道の中味を入れ替えてしまったと思われる（中臣神道の成立）。

なぜこのような大掛かりな細工を施したかと言えば、親蘇我派の天武の王家を、親藤原派の持統の王家に乗っ取らせるためだ。持統天皇は天智《てんぢ》天皇の娘で、中臣鎌足の子の藤原不比等を大抜擢したから、これは乙巳の変の中大兄皇子・中臣鎌足コンビの復活であった。その上で、持統女帝をアマテラスに重ねて、国母に仕立て上げ、持統女帝（アマテラス）から始まる観念上の新王朝を立ち上げたのだ。これは、天智政権の再来であり、静かなクーデターが成し遂げられていたわけだ。表面上は天武の王家が続いていくが、その実態は天智系の王家という、じつに手のこんだやり方ではないか。

この神話はそのまま伊勢神宮の祭祀にも強い影響を与えている。

伊勢神宮に祀られている神が、本来は男神だったのに、女神にすり替えられた可能性は高く、しかも伊勢神宮にはもうひとつカラクリが用意されていて、大神《おおみわ》神社の大物主《おおものぬし》の神《かみ》が伊勢に連れて行かれた可能性が高い。

伊勢神宮のカラクリ

すでに述べたように、『日本書紀』は第十代崇神《すじん》天皇の時代、大物主神が疫病を流行《はや》らせたので、大物主神の子を連れてきて大物主神を祀らせたと記録した。纏向《まきむく》遺跡の目の前のヤマトの霊山・三輪《みわ》山を御神体とする祭祀が、ここに始まった。一方で『日本書紀』は、大物主神が祟る直前、アマテラスらの霊威が強すぎて、とても同じ場所に暮らしていくことはできなくなったといい、アマテラスを遠ざけ、結局伊勢に祀ることになった。もし仮に、アマテラスが男神だとすれば、この時天皇に恐れられた神は、大物主神そのものではないかと思い至る。大物主神の「物」は、「鬼《おに》（モノ）」であり、鬼は神と表裏一体だから、大物主神とは、「大いなる鬼の主の神」「大いなる神の中の神」なのであって、日本を代表する神なのである。

第一章で触れたように、伊勢神宮の秘中の秘は神殿の床下に祀られる心《しん》の御柱《みはしら》で、これを祀ることができたのは、大物忌《おおものいみ》という童女だけだった。女性が祀るのは男神であり、心の御柱は男根のイメージだ。そして、伊勢には、「伊勢の神と三輪の神は一体分身」という伝承が残り、これが大神神社に伝わり、三輪流神道に組みこまれた。伊勢の神も三輪の神も男神で、もともとは同一で、恐ろしい祟る神で、だからこそ、ヤマト政権は恐ろしくなって、伊勢に移したのだろう。しかも、『日本書紀』は「崇神天皇の時代（ヤマト黎明期）に天皇から遠ざけた」と言っているが、実際に三輪の神が伊勢に移されたのは、持統天皇の時代ではなかったか。伊勢神宮が今日の形に整えられたのは、天武・持統朝と考えられている。正確には、持統天皇と藤原不比等が、完成させたのだろう。ちなみに、伊勢神宮に参拝した天皇は、持統天皇だけで、あとは近代に至るまで、天皇はひとりも参拝していない。

『日本書紀』持統六年（六九二）二月二十一日、持統天皇は詔《みことのり》を発している。

「三月三日に伊勢に行こうと思う。この意を汲んで、諸々の衣類を整えよ」

すると中納言の三輪高市麻呂《みわのたけちまろ》が上表《じょうひょう》して、「農繁期ゆえ、妨げになります」と直言した。それでも三月三日、持統天皇は出かけようとしたので、三輪高市麻呂は「冠位を脱ぎて（職を投げ捨てる覚悟で）」諫言《かんげん》したが、聞き入れてもらえなかった。

三輪高市麻呂は、大物主神や大田田根子《おおたたねこ》の末裔《まつえい》で、三輪氏は大物主神を祀る神官の家でもある。その三輪氏だけが猛烈に反発したのはなぜだろう。それは、三輪の神がこの時、持統天皇の手によって連れ去られたのではなかったか。つまり、伊勢の神とは、もともと三輪の大物主神で（今でもそうなのだろう。だから、男神と考えられ、三輪の神は蛇でもあるから、斎王の元に毎晩通ってくる伊勢の神のウロコが落ちていると信じられたのだろう）、伊勢のどこに祀られているかというと、伊勢内宮の本殿裏手の荒祭宮《あらまつりのみや》が、じつに怪しいと思う。

伊勢の遷宮祭《せんぐう》は、「まるで葬儀のようだ」と指摘されるし、伊勢の御神体は「棺桶のよう」と一般にも知られているが、それはなぜかと言えば、大物主神をここに封印しようとしたからなのだろう。大物主神は祟る恐ろしい神であり、ヤマト黎明期に疫病を流行らせた恐ろしい神だから、内宮本殿背後の荒祭宮《あらまつりのみや》がふさわしい。天皇が伊勢神宮に近づかなかったのも、伊勢の神が恐ろしいことを、知っていたからだろう。

ちなみに、奈良時代の終わりに、桓武天皇は、伊勢神宮にお参りをしている。まだ皇太子だった桓武は体調を壊し、病気平癒を祈ったのだ。祟る恐ろしい神にすがることで、逆にそのパワーを利用したのだろう。

さらに余談ながら、桓武天皇が立太子するために、二人犠牲になっている。光仁《こうにん》天皇（桓武《かんむ》の父）の正妃・井上内親王《いかみないしんのう》とその子、他戸《おさべ》親王《しんのう》が、罪をなすりつけられ幽閉され、同じ日に同じ場所で亡くなっている。天武の王家は聖武《しょうむ》天皇の娘・称徳《しょうとく》女帝まで続いたが、独身で子が無かったために、崩御《ほうぎょ》ののち天智系の光仁天皇が選ばれた。ただし天武系を懐柔するために、井上内親王（聖武天皇の娘）が正妃に、他戸親王が皇太子に選ばれたのだった。これは藤原氏が使う常套手段で、政敵を黙らせるために政敵側の人物を重用し、しばらくして抹殺するのだ。

つまり、桓武天皇は他戸親王を抹殺しなければ即位できなかったわけで、井上内親王と他戸親王の祟りは、恐ろしくてたまらなかったのだ。いわゆる「御霊《ごりょう》信仰（祟り神を手厚く祀る）」は、井上内親王らの祟りが発端とされているほどだ。恐ろしい祟りに見舞われて、伊勢の神を頼ったのである。

そういう意味で、伊勢神宮は天皇家にとって特別な場所で、平時は近づかなかったというわけである。

28　持統天皇と藤原不比等の目論見

天武と持統の本当の仲

一般に古代史では、「天武・持統朝」と、ひとくくりにされることが多い。美術史でも、この時代を「白鳳《はくほう》時代」と呼んでいる。律令改革が一気に進捗したこと、夫婦仲がよかったことが、大きな原因だろう。

ただし、「仲がよかった」とみな信じているのは、『日本書紀』がそう書いたからだ。問題は、『日本書紀』全編を通じて、これほど夫婦仲を詳細に記録した例はない。これがかえって怪しい。強調されると疑いたくなるのが、人間の性だ。

持統称制前紀《しょうせいぜんき》（『日本書紀』）に、

「天武二年に皇后となり、終始天皇を助け、天下を治められた。天皇のそば近くにはべり、つねにマツリゴトに言及し、天武天皇をよく補佐なさった」

とある。

天武九年（六八〇）十一月条には、以下の記事がある。

「鸕野讃良《うののさらら》が病にかかったので、天武天皇は薬師寺建立（平城京《へいじょうきょう》遷都以前は橿原《かしはら》市城殿町《きどのちょう》）を発願し、僧百人を出家させ、病気平癒《へいゆ》を願った。同月、天武天皇が病を患うと、鸕野讃良がお返しに百人の僧を得度させた。すると天武の病も癒えた」

そもそも大海人皇子《おおあまのみこ》が吉野に隠棲《いんせい》した時、付き従ったのは鸕野讃良皇女で、東国にもいっしょに逃げている。天武天皇最晩年、すでに述べたように、政務は鸕野讃良と草壁皇子に委ねられた。持統三年（六八九）には、天武の悲願だった律令のうち、日本初の総合法典である飛鳥浄御原令《あすかきよみはらりょう》が完成し、持統天皇は諸官司に頒布している。天武天皇の遺業を持統天皇が継承したのだ。

このような『日本書紀』の記事を読めば、当然二人の関係は良好だったと思わざるをえない。そして天武天皇と持統天皇は、同じ御陵《ごりょう》（明日香《あすか》村。檜隈大内陵《ひのくまおおうちのみささぎ》）に仲良く埋められている……。

しかし、『万葉集』編者は、「本当にそうか？」と、意地の悪い暗示を用意している。というのも、天武天皇は複数の女人に恋の歌を残しているのに、鸕野讃良に対する歌は、皆無なのだ。持統天皇（鸕野讃良）の天武天皇を偲ぶ歌は掲載されている。天武天皇崩御に際し、「喪服の袖は乾く間もない」と詠っている。しかし、天武天皇が鸕野讃良に贈った歌が皆無なのだ。

　現実に、まったく歌がなかったわけではなかろう。しかし、『日本書紀』が二人の仲を必要以上に強調したこと、『万葉集』編者が「書き漏らした」ところに、ヒントが隠されていたと思う。『万葉集』編者は意地が悪いと思う。

『万葉集』編集には大伴氏が大いにかかわったとされているが、蘇我氏や物部氏が藤原氏の手で追い詰められたあと、最後に残った名門豪族の大伴《おおとも》氏は、藤原氏に徹底的に叩きつぶされた。だから、大伴氏は藤原氏を恨み、『日本書紀』によって抹殺された歴史を、万葉歌と題詞を駆使して暴いてみせようとしたと思われる。

天香具山の歌に隠された秘密

『万葉集』巻一―二八に、有名な持統天皇の天香具《あまのかぐ》山の歌がある。「藤原宮に天の下知らしめしし天皇の代」の歌とある。また、「持統は持統十一年（六九七）に軽太子《かるのひつぎのみこ》（珂《か》瑠皇子《るのみこ》）に皇位を譲った。尊号は太上《だいじょう》天皇」と、わざわざ注が加えられている。歌は、『百人一首』にも取り上げられた次の一首だ。

春過ぎて夏来《きた》るらし白栲《しろたへ》の衣乾《ころもほ》したり天《あま》の香具山《かぐやま》

春が過ぎて、夏がやってくる。天の香久山に、白い衣（白栲）が干してあるよ……。

この歌を、絶賛する万葉学者は多い。日本的な絵画として捉えるのだろう。ちなみに、百人一首に採りあげられたからといって、歌の良し悪しには関係がない。百人一首は「駄歌」ばかりを集めた珍しい歌集で、藤原定家《ふじわらのていか》は何か暗号を組みこんだのではないかとする説も根強い（その可能性は高い）。

それはともかく、この歌が不自然なのは、「天の香具山に白栲が干してある」という、その状況である。天の香久山は、ヤマトを代表する霊山で、神武《じんむ》東征《とうせい》の折には、天の香久山の土を取って土器を造って神を祀ることによって、負けぬ体になっている。天の香久山の土は「ヤマトの物実《ものざね》（ヤマトそのもの）」と考えられていて、謀反の時も、この土が利用されたほどだ。天の香久山はヤマトを代表する霊山なのであって、そこに「白い衣（洗濯物？）が干してある」という状況が、理解できないのである。

歴史作家の梅澤《うめざわ》恵美子《えみこ》は、この歌を「天《あま》の羽衣《はごろも》伝承」と喝破した。『丹後国風土記《たんごのくにのふどき》』逸文に、次の説話が残されている。八人の天女が丹波《たんば》の比治《ひじ》山の真名井《まない》（神聖な井戸）で沐浴《もくよく》をしていたら、ひとりの天女の天の羽衣を、老翁《おきな》が奪ってしまった。天女は帰ることができなくなってしまい、地上に残った天女は、老翁のために薬を造るが、やがて老翁は増長して追い出してしまった。そこでさまよった天女は、奈具村《なぐのむら》にきて、ようやく落ちついたという。

この天女が、のちに伊勢外宮に祀られる豊受大神《とようけのおおかみ》であり、梅澤恵美子は、持統天皇が天の香久山の歌のなかに、羽衣伝承を重ねたという。天の香久山に白栲が干してある（豊受大神が沐浴している）。春が過ぎ、夏が来て、チャンスが到来してきたのだ。あの白栲を奪えば、豊受大神は身動きがとれなくなる……。

問題は、豊受大神が何を暗示しているかだ。まず、「丹波出身」ということからして、引っかかる。日本海勢力を暗示しているし、近江、日本海を経由して九州に攻め込んだ神功《じんぐう》皇后は、「トヨの海の女神」と多くの場面で接点を持ち、さらに、下関市の神功皇后が逗留した場所は、「豊浦宮《とゆらのみや》」で、「トヨの海の港の宮」でもある。

それだけではない。すでに触れたように、六世紀から七世紀の蘇我系の王家や豪族は、なぜか「トヨ（豊）」の名が多い。

用明《ようめい》天皇は「橘豊日天皇《たちばなのとよひのすめらみこと》」、推古《すいこ》天皇は「豊御食炊屋姫《とよみけかしきやひめ》」、聖徳太子は「豊聡耳皇子《とよとみみのみこ》」、孝徳《こうとく》天皇は「天万豊日天皇《あめよろずとよひのすめらみこと》」、蘇我入鹿（あるいは蝦夷）は豊浦大臣《とゆらのおおおみ》、推古天皇の宮は神功皇后と同じ「豊浦宮《とゆらの》」（飛鳥なのに）で、推古天皇と蘇我馬子のコンビが、神功皇后と武内宿禰《たけのうちのすくね》のコンビの再来と考えられたのだろう。また天武天皇の諡号は「天《あめ》渟中原瀛真人天皇《のぬなはらおきのまひとのすめらみこと》」で、「ヌナ」と「瀛」は、どちらも海神と深くつながる名だ。「ヌ＝瓊《ぬ》」は海神がもたらす神宝・ヒスイで、豊受大神の沐浴していた真名井も、「マナイ＝マヌナイ」で、ヒスイとかかわっている。硬玉《こうぎょく》ヒスイは日本海の糸魚川《いといがわ》市の海岸でとれ、縄文時代から神宝として尊ばれ、蘇我氏が特に重視した。逆に、藤原政権はヒスイの勾玉《まがたま》を嫌い、捨てている。

さらに、神武天皇の祖母は海神の娘の豊玉姫《とよたまひめ》で、ヤマト黎明期の王も、「日本海のトヨ（豊）」とつながっていたことが分かる。

蘇我系の王家は「トヨの王家」であり、豊受大神も日本海のトヨの女神だ。つまり持統天皇の天香具山の歌は、その「トヨの王家（蘇我系王家）の羽衣（白栲）」を奪えば、天下が取れるとほくそ笑んだのだろう。

29　なぜ持統天皇は即位できたのか

持統と高市皇子《たけちのみこ》の密約

蘇我氏や親蘇我勢力が期待していた大津皇子を滅亡に追い込んだため、鸕野讃良皇女と草壁皇子は、逆に追い詰められたのだろう。岡宮で二年数ヶ月を過ごし、草壁皇子は病没してしまう。『日本書紀』は、このあと鸕野讃良皇女が即位したと記録している。それは、本当なのだろうか。天智天皇の娘で大津皇子を謀殺した鸕野讃良が、なぜ皇位に就けたのだろう。皇親体制下で、皇位に就けば、かつてないほどの権力を握ることができる。壬申《じんしん》の乱ののち発言権を復活させていただろう親蘇我派の諸勢力が、なぜ持統即位を容認したのだろう。天武天皇の皇子は、星の数ほどいたにもかかわらず、である。

ヒントは二つあると思う。

まず第一に、『扶桑略記《ふそうりやつき》』の記事だ。持統天皇は藤原不比等の私邸を宮にしていたとある。蘇我氏と敵対していた中臣鎌足の子の邸宅に、持統天皇は転がり込んでいたことになる。これは、ひとつの大きな賭けだっただろう。そしてもちろん、大津皇子を殺したことで、持統天皇は親蘇我派の人脈から見放されたわけである。

しかし、持統天皇には執念があったと思う。それは、「草壁皇子がダメなら、孫の珂《か》瑠皇子《るのみこ》がいるではないか」、ということだ。そして、藤原不比等を頼ったのだろう。

驚くことはない。『続日本紀《しよくにほんぎ》』がほのめかした岡宮も、藤原氏のアジトだった可能性は高い。背後の多武峰《とうのみね》は、すでに触れたように、蘇我入鹿暗殺計画を練った場所だし、中臣鎌足を祀っている。その前線基地となりうる岡宮は、藤原氏と強くつながっていただろう。岡宮で草壁皇子といっしょに育ったという義淵《ぎえん》は百済系で、藤原氏との相性は抜群だ。中臣鎌足が百済《くだら》王子・豊璋《ほうしよう》であったかどうかは別にして、藤原氏が親百済派であることに変わりはない。

ただ、そうなると、持統天皇は親蘇我派の反対を押し切って、強引に即位してしまった可能性も高まる。「そんなことができるのか」と思われよう。しかし、持統天皇の強みは、皇親体制下における皇后で、天武天皇が病床に伏した時、「天皇が政務を委ねた」と自称して（『日本書紀』には天武天皇がそう命令したとあるが）、独裁権力を握ってしまった可能性が出てくることだ。その延長線上に、持統天皇の即位があって、しかも諸豪族の合意を取りつけることもなかった可能性が出てくる。それで『扶桑略記』は、「持統天皇は藤原不比等の私邸を宮にしていた」と記録したのではなかったか。

ただし、ある段階で、持統天皇は高市皇子《たけちのみこ》（天武天皇の長子）と密約を結んだのではないかと思える節がある。そう考えるのが、第二のヒントだ。それは、即位後の持統天皇の不可解な行動のことだ。異常な回数の吉野行幸《ぎょうこう》をくり返していた。毎年、年に数回通ったのだ。

直木孝次郎《なおきこうじろう》は吉野が持統天皇にとって大海人皇子《おおあまのみこ》（天武天皇）との思い出の地だったからだろうとするが、だからといって、これだけの回数を重ねた真意については分からないと匙を投げる（『持統天皇』吉川弘文館）。

呪術のために通っていたという視点もある。吉野裕子《よしのひろこ》は、ヤマトや山城から見て吉野は南で、「南岳《なんがく》」、先天易では「乾《けん》」「天」であり「土徳の天皇＝持統天皇」は、天志向に走ったとする（『持統天皇』京都人文書院）。

しかし、大切な視点を忘れている。と言うのも、この時代、律令整備のために特別な体制を敷いていたということで、何度も言うが、皇親体制下にあった。天皇が実権を握り、豪族同士の合議では埒が明かなかったために、一度天皇が大鉈《おおなた》を振るったのである。

そして、持統天皇がまだ完成していない律令のことなどお構いなしに、吉野行幸にうつつを抜かしていたとすれば、大問題である。

しかし、ひとつの仮説をここに用意すれば、謎は消える。それは、高市皇子との密約である。

高市皇子の死とともに始まった皇位継承問題

持統四年（六九〇）春正月に持統天皇は即位したが、その年の秋七月に、高市皇子を太政大臣に任命している。この太政大臣は、律令成立後のモノよりも、さらに強い権限が委ねられていたとみなすべきだ。
『万葉集』巻二―一九九に、柿本人麻呂《かきのもとのひとまろ》が高市皇子の殯宮《もがりのみや》で作った歌があり、その中に、次のくだりがある。

定めてし　瑞穂《みづほ》の国を　神《かむ》ながら　太敷《ふとし》きまして　やすみしし　我《わ》が大君《おほきみ》の
天《あめ》の下《した》　奏《まを》したまへば　万代《よろづよ》に　然《し》かしもあらむと

「壬申の乱を制した高市皇子が、鎮めた瑞穂の国を、（天武天皇亡き後）自らお治めになって、朝政《みかどのまつりごと》を統轄され、その体制がいつまでも続くと思っていたのに、この繁栄が続くだろうと信じていたのに……」

この歌は、重要な意味を持っていると思う。持統朝で太政大臣に任命され、律令整備を手がけていたのは、高市皇子だったのだ。だからこそ、持統天皇は吉野行幸にうつつを抜かしていられたのだ。いや、これが、密約の条件だろう。実務はすべて、高市皇子に任せ、持統天皇は「お飾りの王になる」ということだろう。これならば、親蘇我派の面々も妥協できる。

そして、もうひとつ大切なことは、「いつまでもこの体制が続くと信じていた」と言う柿本人麻呂の発言だ。もちろん、志半ばで、高市皇子が急死してしまったということもあるが、このまま高市皇子が律令整備を進めれば、次の皇位は高市皇子に渡るという約束があったのではなかったか。

そう思う根拠は、『日本書紀』と『懐風藻《かいふうそう》』の中に隠されている。

『日本書紀』持統十年（六九六）秋七月十日のベタ記事に、「後皇子尊薨《のちのみこのみことみう》せましぬ」がある。名前がないが、「尊」い人（天皇、皇后、皇太子）が亡くなったことが分かる。「後」ということは、以前「皇子尊」と呼ばれた人がいて、その人と同等の地位にいた人と察せられる。天皇や皇后ではなく、皇太子とすれば、草壁皇子は「日並皇子尊《ひなみしのみこのみこと》」が想像されるが、それと同等の地位にいて、このあと歴史から姿を消す人物といえば、高市皇子しかいない。

高市皇子は皇太子だった可能性は高い。翌年の二月二十八日の記事に、皇太子の身の回りの世話をする役人の人事記事があり、高市皇子の薨去《こうきょ》を受けて、新たに皇太子人事が進んでいたことが分かる。珂瑠皇子（文武《もんむ》天皇）が、立太子したと思われる。

問題は、『日本書紀』が持統天皇の悲願だった珂瑠皇子立太子の記事を省いていることだ。ところが『懐風藻』には、事細かに、立太子が決定した時の様子が描かれていた。天武天皇の皇子が数多《あまた》居残る中、半ば強引に、珂瑠皇子の立太子が決まってしまった。

天智《てんぢ》天皇の孫・葛野王《かどの》の一喝で、みな萎縮してしまったというから、情けない。

高市皇子の死の直後に、急きょ継承問題が勃発したこと自体が、じつに意味深長ではないか。

やはり高市皇子は、皇太子の地位に立っていたのだろう。律令整備の目処が立つか、あるいは持統天皇が崩御すれば、高市皇子が玉座に座る段取りになっていたのだろう。それが持統天皇と高市皇子や蘇我系重臣たちとの間に交わされた密約であり、だからこそ、持統天皇は呑気に吉野行幸をくり返していたのだろう。

ひょっとすると、高市皇子の早すぎる死は、「暗殺」だったかもしれず、だからこそその噂が流れる中、立太子の会議が開かれ、葛野王の脅しが、効果的だったのかもしれない。

30　藤原不比等が日本を壊したのか

ゼロからスタートした藤原不比等がどうやってのし上がったのか

長い間古代史に謎が多かったのは、藤原不比等が歴史の裏側に隠れていたからだろう。

持統三年二月、九名の判事が任命された（『日本書紀』）。訴訟の審理を担当する役目だ。その中の四番目に、「藤原朝臣史《ふじわらのあそみふひと》」の名で登場する。藤原不比等がはじめて歴史に登場した瞬間だ。さらに、持統十年（六九六）冬十月というから、高市皇子の薨去の三ヶ月後の記事に、主だった役人に資人《しじん》（従者）が下賜された記事が載り、右大臣丹比真人《たじひまひと》に百二十人、大納言には八十人、石上朝臣麻呂《いそのかみあそみまろ》と藤原朝臣不比等《ふじわらのあそみふひと》に五十人とある。『日本書紀』に登場する藤原不比等はこの二回だけで、「華華しい活躍」とはほど遠い。だから長い間、存在は気づかれずにいたのだ。

藤原氏といえば、中臣鎌足が断トツに有名だが、藤原千年の基礎を築いたのは、藤原不比等だった。藤原不比等は一度没落した藤原氏（中臣鎌足が死の直前に「藤原」の姓《かばね》を下賜された）を再興しただけではなく、藤原氏だけが栄える体制の地盤を築き上げた。中臣鎌足が死んだあと、壬申《じんしん》の乱が勃発して、親蘇我派の天武天皇の政権が誕生したし、近江朝に加勢していた藤原氏（藤原不比等は若かった）が、そう簡単に再起することはできなかっただろう。ゼロからの出発だった。藤原不比等が、どうやって朝堂のトップに立つことができたのだろう。

藤原不比等は、歴史上、ここしかないというタイミングで政権内部に潜り込み、律（刑法）と令（行政法）を作る役人として縁の下の力持ちとなった。またその一方で、孤立無援の持統天皇を支え、信頼を勝ち取り、手段を選ばない手口で、政敵をじわじわと追い詰めていったのだ。最初の被害者は大津皇子であり、高市皇子も殺されていた可能性が高いと思う。タイミングがよすぎる。永久都城の新益京《あらましのみやこ》（藤原宮）や律令が整いつつあったこの時期、一番大変なことを親蘇我派の皇族にやらせておいて、おいしいところだけを、藤原氏が持っていったイメージがある。しかも、暗殺と恫喝で、天武の皇子たちは、震え上がったのだ。

律令＝法律（明文法）による統治は、ヤマト建国後初めての事態だ。それまでは、畿内豪族の寄合、合議による不文律によって、日本は統治されていた。ところが律令が完成すると、「法律によって人は裁かれる」ことになったのだ。行政法に則って、役人は行動しなければならない。太政官という合議機関が生まれ、ここで審議され決定したことは、天皇に奏上され、天皇はこれを追認し、御璽《ぎょじ》が捺印され、正式な文書となって、役人に手渡される。中国の律令は皇帝の権力による統治を基本としていたが、日本は合議制を尊重した。だから、基本的に天皇には権力は渡されていない。

貴族（旧豪族）たちは、かつてのように、私地や私民をもっていない。発言力の源は、広い土地と多くの民を支配していたことだった。しかし、律令が整備された瞬間に、法の秩序と身分制度を受け入れなければならない。地位の世襲も、原則としてできない。ちなみに藤原氏は、蔭位《おんい》制（親が高い地位にいると、その子供は自動的に一般の役人とは異なり、良い地位から出世街道を上ることが可能だった）で代々高い地位に居座ったが……。だから、法律を作り、法律を支配する藤原氏は、次第に周囲から恐れられていったのである。

裸一貫から藤原不比等がのし上がった理由が、ここにある。豪族たちが土地と民を手放した瞬間、法律を支配する役人として台頭したのだ。法に触れるのかどうかを判断し、法の網に引っかかるのなら、どの程度の罪を負わせるか、その判断をする側に立ったのだから、周囲はひれ伏すしかなかった。

それだけではない。藤原氏は天皇の権力をいざという時のために温存していく。聖武天皇の時代、天皇家の外戚になった藤原氏は、律令の規定どおりにことを進めて行き詰まると、天皇のツルの一声を悪用したのだ。

「天皇の命令は絶対だが、その命令は太政官（合議体制）の意思」が律令の理念だった。ところが、「天皇の命令は絶対」だけ切り取って、政敵を煙に巻いたのだった。

こうして、藤原氏は蘇我氏、物部氏、大伴氏といったヤマト建国時から続いてきた名門豪族をことごとく叩きつぶし、藤原氏だけが栄える時代が到来した。しかも律令の欠陥を放置し、民が土地を手放し悲鳴を上げる中、日本各地の広大な土地を我が物にして、政権の予算も、藤原氏がまかなうほどの富を積み上げていったのだ。つまり、律令制度を完成させ、最大限に藤原氏にとって都合の良いように解釈し、歯向かってくる者どもを根こそぎ弾圧し、抹殺していったのだ。

当然人びとは、「昔はよかった」と嘆き続け、それは『万葉集』にも盛んに詠われていくのだ。「昔」のなかでも特に詠まれたのが飛鳥（明日香）で、蘇我氏の時代をみな懐かしがったのである。

『万葉集』のテーマも、まさにここにあったと思う。島国の「性善説」で暮らしてきたヤマトの豪族たちは、殺さねば殺される大陸や半島の激しい政争の地からやってきた人びと（藤原氏）に、翻弄されてしまったのだろう。すでに述べたように、ヤマト建国でさえ、「強い権力者を生みたくない」という人びとが集まってきて生まれたのだ。半島の貴族から見れば、「噴飯物」のお気楽人間に見えたのだろう。

そう考えると、藤原氏が一気に権力を手に入れたのは、「免疫のない新たな流行病」の前に手も足も出なかった状態と、酷似しているのかもしれない。

『日本書紀』の呪縛から解放される日

『日本書紀』は、藤原不比等が死んだ年に完成した。それから千三百年、われわれは、ようやく『日本書紀』の呪縛から解かれようとしている。『日本書紀』は、天皇家礼讃のために書かれたのではない。藤原不比等が、父の業績を顕彰し、藤原氏の正体を消し去ることが大きな目的だった。そのために、真っ先に蘇我入鹿が大悪人に仕立て上げられたのだ。そのために用意させたのが、廏戸皇子《うまやとのみこ》（聖徳太子）と山背大兄王《やましろのおおえのみこ》という偶像だった。

嘘が嘘の連鎖を呼び、結局『日本書紀』は、ヤマト建国に遡り、歴史をすり替え、「よく分からない」ととぼけて見せたのだった。ところが、考古学が進展し、『日本書紀』の精緻な研究が進んで、ようやく、藤原不比等の正体も目論見も、分かってきた。特に、考古学の物証が、なによりも頼もしいし、神功皇后《じんぐう》、武内宿禰《たけのうちのすくね》の活躍が、ヤマト建国の考古学とほぼ重なってきたことは、古代史を根底から覆す可能性を示している。そして、これまでは七世紀から逆算してヤマト建国を解き明かそうと考えていたが、ヤマト建国の詳細が分かってくると、むしろヤマト建国から順番に歴史をなぞっていくことも可能になった。

そして、つくづく思うのは、日本人の心の故郷がヤマトにあるということだ。多神教的な発想によってヤマトが建国され、一度は零落して復活した弱い王が、民に支えられ、王は民を愛した。この古き良きヤマトの時代を人びとはなつかしんだのである。藤原不比等は、「そんな馬鹿なことがあるか」と思っただろうし、「いや、この呆れるばかりの性善説民族なら、ありえたのか」と、思ったかもしれない。

いずれにせよ、藤原不比等にとっては理解不能のこの国の民族の歴史を、藤原氏の都合の良いように書き上げたのだった。そして、千三百年の間、これが日本の歴史だと信じられてきたのだ。

ようやく、古代史を書き直す準備はできた。歴史の教科書が変わるには、何十年もかかるだろうが、それでも、ひとつずつ、古代史の真実を剝がしていきたい。『日本書紀』によって悪人にされてしまった人びとの名誉を回復していきたい。

おわりに

これだけは言っておくが、「『日本書紀』の面白さが分かってきた」からといって、むやみに古典文学全集の『日本書紀』を購入し、読もうと思ってはいけない。一日でお手上げになるに決まっている。誰もが神話から読み始めるからだ。『日本書紀』の場合、「神代」は上下に分かれ、第一段から第十一段まで話は続く。しかも、各段に、正文（本文）に一書（異伝）が附属し、しかも似たような異伝が複数出てきて、どれが本当の話か、分からないのだ。さらに、目がまわるような神々の名がいくつも飛び出し、とてもではないが、内容は把握できないし、退屈なだけだ。

『日本書紀』には読み方がある。「好きなキャラ」を、まず選ぶことだ。

どうやって選ぶ？

どこにでも売られている古代史の研究書だけではなく、マンガでも小説でもいいから、「この人、面白そう」と、興味を持つことだ。そして、まずそのキャラ（人物）が登場する時代から、読み始めればよいのだ。すると、いろいろな情報が舞い込んでくるし、『日本書紀』が奇妙で矛盾に満ちていることに気づかされる。『日本書紀』編者の「このキャラに対する意地の悪さはなぜか」「なぜこの人を依怙贔屓するのか」がみえてくれば、もう、『日本書紀』にのめり込んだ証拠だ。そのキャラの背景の歴史を探っていけば、自然に神話に行き着いてしまうはずなのだ。ヤマトの中心に立っていた多くの豪族の始祖は、神話の神々や「歴史ではない」と考えられてきた欠史八代《けっしはちだい》（第二代から九代までの天皇）から生まれ出た人びとだからだ。

たとえば、八世紀には朝廷に成敗される九州の隼人たちも、『日本書紀』神話には、山幸彦《やまさちひこ》（彦火火出見尊《ひこほほでみのみこと》。神武天皇の祖父）の兄・海幸彦《うみさちひこ》（火闌降命《ほのすそりのみこと》）が御先祖様と書いてある。これはいったい何だ？　『日本書紀』は、読むたびに発見のある歴史書なのだ。

なお、今回の執筆にあたり、河出書房新社編集部の西口徹氏、編集担当の工藤隆氏、歴史作家の梅澤恵美子氏に御尽力いただきました。改めてお礼申し上げます。

合掌

令和二年七月

参考文献

『古事記祝詞』日本古典文学大系（岩波書店）
『日本書紀』日本古典文学大系（岩波書店）
『風土記』日本古典文学大系（岩波書店）
『萬葉集』日本古典文学大系（岩波書店）
『続日本紀』新日本古典文学大系（岩波書店）
『魏志倭人伝・後漢書倭伝・宋書倭国伝・隋書倭国伝』石原道博編訳（岩波文庫）
『旧唐書倭国日本伝・宋史日本伝・元史日本伝』石原道博編訳（岩波文庫）
『三国史記倭人伝』佐伯有清編訳（岩波書店）
『先代舊事本紀』大野七三（新人物往来社）
『日本の神々』谷川健一編（白水社）
『神道大系　神社編』（神道大系編纂会）
『古語拾遺』斎部広成撰　西宮一民校注（岩波文庫）
『藤氏家伝注釈と研究』沖森卓也、佐藤信、矢嶋泉（吉川弘文館）
『日本書紀　一　二　三』新編日本古典文学全集（小学館）
『古事記』新編日本古典文学全集（小学館）
『考古学による日本歴史　九』設楽博己（雄山閣出版）
『文明に抗した弥生の人びと』寺前直人（吉川弘文館）
『日本書紀研究　第一冊』三品彰英編（塙書房）
『遥かなる海上の道』小田静夫（青春出版社）
『出雲神話』水野祐（八雲書房）
『「前方後方墳」出現社会の研究』植田文雄（学生社）

『アマテラスの誕生』溝口睦子（岩波新書）
『神社と古代王権祭祀』大和岩雄（白水社）
『前方後円墳国家』広瀬和雄（角川選書）
『倭国の謎』相見英咲（講談社選書メチエ）
『巨大古墳の世紀』森浩一（岩波新書）
『伊勢神宮の成立』田村圓澄（吉川弘文館）
『古代葛城とヤマト政権』網干善教、石野博信、河上邦彦、田中晋作、福永伸哉、和田萃　御所市教育委員会編　学生社）
『津田左右吉全集　第二巻』津田左右吉（岩波書店）
『日本民族の形成』藤間生大（岩波書店）
『古代日本の「地域国家」と「ヤマト王国」下』門脇禎二（学生社）
『古事記と天武天皇の謎』大和岩雄（ロッコウブックス）
『古事記の起源』工藤隆（中公新書）
『「古事記」偽書説は成り立たないか』大和岩雄（大和書房）
『蘇我氏と大和王権』加藤謙吉（吉川弘文館）
『隠された十字架』梅原猛（新潮文庫）
『大化改新　史論　下』門脇禎二（思文閣出版）
『大王から天皇へ　日本の歴史　三』熊谷公男（講談社）
『日本書紀　成立の真実』森博達（中央公論新社）
『万葉――文学と歴史のあいだ』吉永登（創元社）
『額田王の謎』梅澤恵美子（ＰＨＰ文庫）
『持統天皇』直木孝次郎（吉川弘文館）
『持統天皇』吉野裕子（人文書院）

＊本書は書き下ろし作品です。

編集協力——工藤　隆

日本書紀《にほんしょき》が抹殺《まっさつ》した　古代史《こだいし》謎《なぞ》の真相《しんそう》

二〇二〇年一〇月一〇日　初版印刷
二〇二〇年一〇月二〇日　初版発行

著者　関裕二《せきゆうじ》
発行者　小野寺優
発行所　株式会社河出書房新社
〒一五一-〇〇五一
東京都渋谷区千駄ヶ谷二-三二-二
電話〇三-三四〇四-八六一一（編集）
〇三-三四〇四-一二〇一（営業）
http://www.kawade.co.jp/

ロゴ・表紙デザイン　粟津潔
本文フォーマット　佐々木暁
本文組版　株式会社ステラ
印刷・製本　中央精版印刷株式会社

Printed in Japan ISBN978-4-309-41771-4

応神天皇の正体

関裕二　41507-9

古代史の謎を解き明かすには、応神天皇の秘密を解かねばならない。日本各地で八幡神として祀られる応神が、どういう存在であったかを解き明かす、渾身の本格論考。

完本 聖徳太子はいなかった　古代日本史の謎を解く

石渡信一郎　40980-1

『上宮記』、釈迦三尊像光背銘、天寿国繡帳銘は後世の創作、遣隋使派遣もアメノタリシヒコ（蘇我馬子）と『隋書』は言う。『日本書紀』で聖徳太子を捏造したのは誰か。聖徳太子不在説の決定版。

大化の改新

海音寺潮五郎　40901-6

五世紀末、雄略天皇没後の星川皇子の反乱から、壬申の乱に至る、古代史黄金の二百年を、聖徳太子、蘇我氏の隆盛、大化の改新を中心に描く歴史読み物。『日本書紀』を、徹底的にかつわかりやすく読み解く。

現代語訳 日本書紀

福永武彦〔訳〕　40764-7

日本人なら誰もが知っている「古事記」と「日本書紀」。好評の『古事記』に続いて待望の文庫化。最も分かりやすい現代語訳として親しまれてきた福永武彦訳の名著。『古事記』と比較しながら読む楽しみ。

ツクヨミ 秘された神

戸矢学　41317-4

アマテラス、スサノヲと並ぶ三貴神のひとり月読尊。だが記紀の記述は極端に少ない。その理由は何か。古代史上の謎の神の秘密に、三種の神器、天武、桓武、陰陽道の観点から初めて迫る。

日本の偽書

藤原明　41684-7

超国家主義と関わる『上記』『竹内文献』、東北幻想が生んだ『東日流外三郡誌』『秀真伝』。いまだ古代史への妄想をかき立てて止まない偽書の、荒唐無稽に留まらない魅力と謎に迫る。